Stefania Del Principe

GUADAGNARE CON I PLOTTER DA TAGLIO CRICUT, SILHOUETTE, SISER

Come avviare un'attività di successo

Testi: Stefania Del Principe

Illustrazioni: Licia Colantonio @LicolArt

Progetto Editoriale: Rob & Vale

Editing e impaginazione: Luigi Mondo

Fare Business

INDICE

Tutti possono aprire

la Partita Iva

in Regime Forfettario?

Quante tasse in percentuale?

Quante tasse bisogna pagare?

Cos'è la Partita Iva?

Formula calcolo tasse Regime Forfettario

Ritenuta d'acconto: quando

e come deve essere fatta

Calcolare la

ritenuta d'acconto

I vari Codici Ateco

Come si apre la Partita Iva?

Quali obblighi si hanno con l'apertura della Partita Iva?

Quanto costa aprire

la Partita Iva?

Quando non si può avere

un Regime Forfettario?

Prima di tutto, mi presento

So che molti di voi mi seguono da diverso tempo nel gruppo Facebook "Cricut e Silhouette Italia" o guardano i tutorial sul canale YouTube "MyCricut" o, ancora, scrivono al mio numero WhatsApp. Non tutti, però, conoscono esattamente la mia storia, di come sono arrivata a essere la persona che sono oggi. In realtà ho seguito un percorso un po' particolare. Posso affermare di essere, sì, una creativa, ma una creativa un po' anomala: per oltre 20 anni ho lavorato nel settore editoriale sia come giornalista che scrittrice (ho pubblicato oltre 60 libri con importanti editori italiani). Ho curato per molti anni il canale salute del quotidiano La Stampa, ho collaborato con le più autorevoli testate italiane nella redazione di inserti di approfondimento (per esempio, La Repubblica), ho lavorato per Huffington Post e il gruppo RCS media Group (Rizzoli Corriere della Sera) e Mediaset (TgCom). Sono stata ospite di diverse puntate di Striscia la Notizia (Canale 5, Mediaset) per la realizzazione di rubriche dedicate, della trasmissione Detto Fatto (RAI 2) e ancora oggi collaboro con alcune trasmissioni TV presenti su canali satellitari, TV regionali e SKY. In realtà avrei potuto fare di più: in passato ho ricevuto diverse proposte da importanti reti televisive. Ma la prima cosa che dovete sapere di me è che io metto sempre al primo posto la mia famiglia. Quindi, nella scelta tra la lontananza – seppur per pochi mesi – da marito e figli e la prospettiva di un po' di "celebrità" ho scelto (e sempre sceglierò) la prima opzione. Potrò forse apparire un po' "atipica", ma per me la famiglia è tutto. Ma non solo: amo le cose semplici, la vita semplice e – soprattutto – la Natura. Anche se trascorro tantissime ore a lavorare (inizio la mattina alle 6:30 e termino di rispondere ai messaggi delle persone che mi seguono intorno alle 22:00) sento sempre la necessità di avere il mio "angolino" di tranquillità. Quel posto in cui non dai più la priorità alle cose futili di tutti i giorni, ma all'essenziale. Di tutto ciò che è invisibile all'occhio umano ma che ci rende persone autentiche, uniche. Non so voi come la pensiate, ma io trovo questo mondo esageratamente superficiale: sembra che tutti siano concentrati ad apparire piuttosto che a essere. Corriamo costantemente per lavorare, per sopravvivere, per essere migliori agli occhi degli altri. Ma dedichiamo ben poco tempo a ciò che siamo davvero. A tal punto da dimenticarci chi siamo veramente. E proprio per questo motivo, per il fatto che non amo la superficialità e l'apparenza, che anche nei miei video mi vedete così, come sono. Non mi vedrete mai tutta "in tiro" (nonostante io ami tantissimo i bei vestiti) ma mi mostrerò a voi sempre per quella che sono, ogni giorno. Perché è così che voglio che mi vediate: una persona semplice che ama la vita e che, di tanto in tanto, si rifugia in quell'angolo di creatività che solo voi potete capire quanto è speciale. Non sento assolutamente l'esigenza di apparire sempre bella e perfetta nei miei video perché nella realtà non è così. Non voglio farvi credere di sapere tutto perché non è così, e neppure che con i miei insegnamenti la vostra vita cambierà totalmente. Voglio però assicurarvi che in questo splendido percorso che tutti voi state intraprendendo, io cercherò di essere sempre al vostro fianco per aiutarvi e sostenervi. Perché credo che non ci sia cosa più bella al mondo dell'aiutare qualcuno, prenderlo per mano durante i suoi primi passi, e assistere alla sua crescita e, perché no, magari anche alla sua fama. Non voglio annoiarvi ulteriormente: vi lascio alla lettura del libro ricordandovi che al fondo troverete tutti i miei recapiti.

Vuoi cambiare la tua vita?

Se hai deciso di acquistare questo libro, probabilmente hai voglia di cambiare la tua vita.

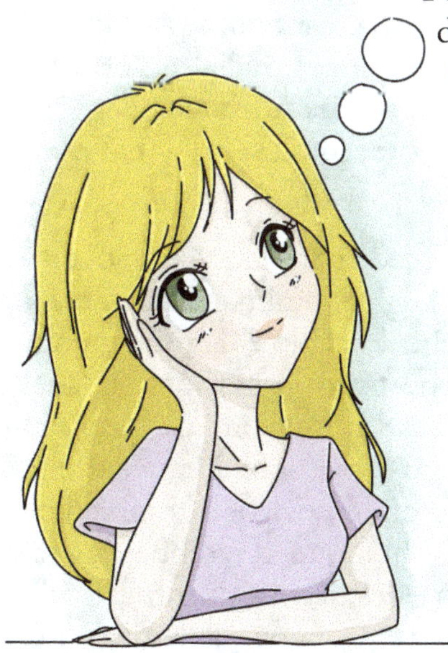

Forse non hai ancora capito davvero come vorresti cambiarla, come questo cambiamento debba avvenire. Però c'è una vocina dentro di te che ripete senza sosta un qualcosa del tipo: "Non voglio più svegliarmi la mattina e fare le cose che ho sempre fatto".

Magari sei tra quelle persone che hanno sempre lavorato per altri e che pensano che **sia arrivato il momento** di fare davvero qualcosa per sé stessi, di creare, sì, ma creare qualcosa da zero. Può essere anche solo un hobby o una passione che si concretizza e che si può trasformare in un'attività di successo. In breve, un qualcosa che ti faccia svegliare serena la mattina, con la voglia di vivere appieno la giornata. Perché se il proprio lavoro è un divertimento o comunque è ciò che si ama fare, in realtà è un po' come non lavorare. E penso che molte persone siano d'accordo con me sul fatto che immaginare qualcosa di nuovo e renderlo reale, creare tante cose che possano piacere sia alle persone che si amano, ma anche alle persone che ancora non si conoscono e che sono tutte potenziali clienti, sia un qualcosa di veramente meraviglioso. E so che in molti hanno proprio questo sogno nel cassetto.

Personalmente parlo con molte persone ogni giorno. In tanti mi raccontano la loro storia, mi fanno partecipe dei loro sogni, di ciò che vorrebbero fare nella (e della) propria vita. Ed è per questo che so che tu che stai leggendo in questo momento – così come molti altri – hai deciso dare finalmente una svolta alla tua vita.

È vero, avviare un'attività richiede comunque un po' di coraggio e la consapevolezza che una minima parte di rischio c'è sempre, ma vi assicuro che il rischio è davvero minimo e che questa è una scelta che **premia sempre**. E anche vero che all'inizio potrà esserci più lavoro da fare, tante cose da organizzare, denaro da spendere. Ma la soddisfazione che ne deriva da tutto ciò è qualcosa di incredibile, qualcosa che secondo me chiunque dovrebbe provare. Pertanto, se sei una persona desiderosa di intraprendere una nuova avventura, di creare un nuovo stile di vita che cambierà il tuo futuro – e non solo dal punto di vista lavorativo – e che ti permetterà di crescere anche interiormente, continua a leggere le pagine successive perché entreremo nel dettaglio di questo magico mondo, che non è solo l'aprire una semplice attività ma il creare qualcosa di davvero meraviglioso. E come di certo ben saprai, la **creatività** è sì una cosa che nasce da dentro, ma va curata con molta attenzione e fatta crescere proprio come si si trattasse di una nuova vita.

Come detto, avviare quindi una piccola attività è il sogno di molti. Anzi, mi sono resa conto oggi che lo è di tantissime persone. Specialmente quelle che sono nel mondo della creatività.

È importante però **sapere come iniziare**. Non bisogna partire senza conoscere i principi fondamentali, e pertanto, seppur si tratti di un'operazione molto semplice, è necessario seguire alcuni accorgimenti e conoscere delle regole di base molto importanti, tra cui anche delle Leggi specifiche. Noi non ci concentreremo molto su quest'ultimo aspetto, tuttavia andremo a vedere quali sono i primi passi per avviare un'attività che sia realmente organizzata.

Un percorso di crescita

Se vogliamo dare vita a un'attività commerciale che sia la nostra attività commerciale, ma soprattutto la nostra idea di business, di vita, di crescita... c'è un percorso che dovremo necessariamente prendere in considerazione. Sì, perché avviare un'attività significa anche **crescere sotto tutti i punti di vista**: dunque, non solo una crescita economica, non solo professionale, ma anche personale. Per cui, se vogliamo fare le cose per bene dobbiamo prima di tutto fissare delle basi molto solide e sapere esattamente come muoverci, ma soprattutto avere un progetto, un'idea e da questi partire per sviluppare un qualcosa di ben definito. Tutti senz'altro abbiamo avuto una o anche tante idee nella nostra vita, bisogna però pur iniziare da qualcosa. E il progetto deve essere ben costruito e facile da mettere in pratica: se non lo è, si rischia di sbagliare, di dover iniziare diverse volte tutto da capo e anche di non riuscire a far funzionare la nostra impresa a livello economico. Perciò, nei prossimi paragrafi andremo a vedere quali sono i punti più importanti che dobbiamo avere bene a mente prima di partire. E poi, nei successivi capitoli, andremo ad approfondire alcuni di questi argomenti.

2

Partire da un'idea

Abbastanza intuibile, la prima cosa da cui dobbiamo partire è proprio l'idea. Ossia, qual è il tuo pensiero e cos'è che vorresti realizzare veramente. Non ho dubbi sul fatto che ti piaccia creare tante belle cose e che probabilmente è proprio su queste che vorresti incentrare la tua attività, ma un conto è saper lavorare; un conto è definire con precisione un obiettivo. Tutto ciò, può sembrare una faccenda molto semplice, ma non lo è. Possono volerci giorni e a volte anche mesi per questo. Quello che ti consiglio, nel caso tu abbia comunque amici che condividono la stessa passione, è di fare un po' di *brainstorming* cercando di trovare ed evidenziare i punti di forza del progetto e, per contro, le eventuali lacune, o punti deboli. La prima cosa, che è anche tra le più importanti, è quella di cercare di trovare **una piccola nicchia di mercato** o, almeno, un servizio che si discosti leggermente tra tutti quelli già esistenti. Ovvero, potrai sì offrire un prodotto o un servizio che propongono anche altre persone, ma potrai farlo in modo un po' diverso, più originale, unico (che ti contraddistingue). La **personalizzazione**, per esempio, adesso è un servizio molto comune e diffuso, ma tu potrai renderlo un pochino più originale. Potrai così non solo proporre un prodotto personalizzato *diverso* ma proporlo **diverso** in termini di servizio. Se, per esempio, io vado a realizzare dei piatti, dei bicchieri o altre stoviglie personalizzate, potrei offrire un servizio differente magari in collaborazione con qualcuno. Per esempio, con un ristorante che offre anche la possibilità di consegnare il proprio menù a domicilio. E magari, con la consegna di questo menù potrebbe esserci già qualche piatto o qualche altro oggetto personalizzato su richiesta del cliente. Oppure, potreste mettervi d'accordo con alcuni chef che cucinano direttamente a domicilio, con i quali ti recherai insieme per allestire magari tutta la tavola con i servizi e piatti personalizzati. Questo è un esempio molto semplice di come lo stesso prodotto possa essere proposto alle persone in **modo originale**, totalmente innovativo. Per cui, non limitarti mai a ciò che sai fare, perché tu potresti avere anche un grande talento, sì, ma non fermarti a proporti al mercatino, alla piccola vetrina, vai sempre oltre. Anche perché stai **ideando un progetto** e quindi non porti dei limiti, non mettere blocchi sull'elaborazione di questo progetto una volta che lo avrai messo nero su bianco. Dopo che ne avrai parlato con altre persone, a quel punto dovrai fissare tutti i punti deboli e i punti di forza di questo progetto e con il tempo sicuramente riuscirai a centrare perfettamente l'obiettivo, ma la parola d'ordine è: **distinguersi dagli altri**.

Un altro aspetto molto importante che non va dimenticato è quello di **conoscere il mercato**. Dovrai cercare di capire quali sono le richieste del momento. Se possiedi un talento, una capacità o hai un hobby che ti piace, cerca di fare in modo che tutto questo sia il più possibile diretto verso le esigenze specifiche del mercato o di un determinato pubblico, perché se tu proponi un prodotto meraviglioso **ma non c'è richiesta**, va da sé che il tuo progetto non funzionerà. Pertanto, fai sì ciò che ti piace, ma attenzione: cerca sempre di cambiare in base alle richieste. Questo significa una cosa molto importante: è possibile che nel corso della tua attività debba cambiare qualcosa.

Come ben saprai, negli ultimi anni tante attività hanno dovuto chiudere e molte di quelle che hanno chiuso non sono solo state vittime della crisi, spesso il problema era che non hanno saputo **reinventarsi**. Se, per esempio, possiedo una libreria, probabilmente non potrò continuare a vendere i miei libri nel modo in cui ho sempre fatto, e continuando così è facile che prima o poi dovrò chiudere. Se, al contrario, con la mia libreria decido di cambiare la mia modalità di vendita – ma soprattutto di servizio – mi concedo delle possibilità. Per esempio, potrei cercare di ricavare degli spazi dedicati all'allestimento con dei tavolini, magari in collaborazione con qualche bar vicino (perché la collaborazione, ti ricordo, è importante ed essenziale), in cui offro la possibilità di leggere qualche libro e di passare del tempo gustandosi un dolcetto o sorseggiando una tisana, un caffè. Ecco allora che probabilmente la mia libreria sopravvivrà. E questo, sia chiaro, vale per qualsiasi tipo di attività. Però **è importante sapersi sempre reinventare**, perché è impossibile al giorno d'oggi pensare che le attività possano funzionare come un tempo. Una volta potevi avere un'attività e lasciarla aperta anche magari per quaranta, cinquant'anni. E potevano poi continuare a lavorare anche i propri figli nella stessa azienda e tutto funzionava, ma adesso non è più così. I tempi sono completamente cambiati, la società è diventata sempre più frenetica, la tecnologia ha preso il sopravvento quasi su tutto. E il cambio del modo in cui stiamo lavorando, in cui stiamo vivendo, può creare comunque dei cambiamenti al nostro stile di vita e di conseguenza anche a ciò che decidiamo di acquistare o meno. Per questo, l'essenziale è cercare di trovare un progetto, un'idea di progetto che siano **totalmente plasmabili**. Un'idea che possa cambiare nel corso del tempo — pertanto non un progetto chiuso — ma un progetto sempre in evoluzione: questa è la prima base, la più importante per avere un'attività di successo.

Da soli o in team?

Che tu decida di partire da solo o meno, valuta sempre l'opzione di avere un gruppo che collabora con te. Non è detto che alcune persone debbano far parte della tua società ma, come dicevo, la collaborazione è essenziale. Per cui, se conosci altre persone che realizzano beni o servizi non necessariamente simili ai tuoi, ma complementari (come nell'esempio riportato prima), può essere una mossa molto strategica quella di **coinvolgerli** nel tuo progetto.

I motivi per farlo sono diversi. Il primo è che nell'artigianato potrai arrivare a un punto in cui **non potrai mai fare tutto da te**, perché se il tuo lavoro cresce e ti arrivano cento o più richieste al giorno è impossibile riuscire a evadere tutte le richieste o tutti gli ordini. Anche tu hai "solo" 24 ore al giorno! Quindi, se conosci persone che magari offrono un prodotto o un servizio diverso, ma con cui puoi collaborare, ben venga.

Le collaborazioni possono essere avviate con diverse modalità. Per esempio, potresti prendere solo una percentuale sul lavoro dell'altra persona. Tieni presente che in questo caso si tratta di **un guadagno puro**, perché tu non hai usato materiale, non hai impiegato del tuo tempo ed è tutto denaro che comunque arriva così, solo prendendo una richiesta, un cliente o un ordine. Nel caso in cui tu voglia invece collaborare attivamente, potresti offrire un compenso a questa persona per il lavoro che svolge a prescindere dalle richieste. Se valuti che la domanda sia molto elevata e il lavoro venga svolto in parte o totalmente dal tuo collaboratore, allora anche in questo caso si tratterebbe di **un aumento di guadagno per te**, perché anche se il lavoro viene svolto in parte anche da te, impiegheresti comunque meno tempo. E come detto inizialmente, avrai la possibilità di prendere più clienti e più lavori. Un altro motivo per cui è importante avviare una collaborazione e che, specialmente all'inizio, è possibile **farsi conoscere in più settori.** Se si tratta infatti di persone o attività che sono già nell'ambiente, e magari sono già conosciuti, possono pubblicizzare la loro nuova attività che in realtà è anche la tua. E tu potrai fare altrettanto. Quindi, ottenere una pubblicità per così dire doppia, e probabilmente un numero doppio di clienti.

Inoltre, la collaborazione è importante anche per altri motivi. Non vi è solo il limite del tempo, ma anche il limite delle capacità. Eh, sì, per quanto possiamo essere bravi nel nostro campo, **non possiamo essere bravi a fare tutto**. Infatti, il tempo per specializzarsi in qualcosa non ce l'abbiamo e quindi o facciamo mille cose, ma non in maniera perfetta oppure ne facciamo meno in maniera perfetta. Mentre i nostri collaboratori ne possono fare altrettante in maniera anch'essa perfetta.

Pertanto, possiamo offrire un servizio di un certo livello, un prodotto di una certa qualità che possa davvero soddisfare le esigenze del cliente. Così, la prima cosa che dovrai fare è quella di pensare a un'eventuale squadra o un'eventuale collaborazione per la tua idea di progetto: pensa a chi potrebbe **fare al caso tuo**. Per esempio, butta giù, su un foglio, alcuni nomi di potenziali collaboratori e poi potrai decidere di contattarli tutti e valutare qual è il collaboratore migliore. Oppure, potresti anche pensare un po' più a lungo e già escludere alcune persone perché magari non rientrano nel target specifico della tua clientela. Infine, valuta **collaborazioni strategiche**, collaborazioni con persone che non svolgono un'attività simile alla tua, come nell'esempio del ristorante. Anche in questo caso potrai decidere di rivolgerti a persone che conosci già, ad amici o parenti, conoscenti oppure ad attività che sono nella tua zona e che magari ti piacciono per come lavorano. Pertanto, potrai semplicemente fissare un appuntamento con loro senza paura, senza vergogna, per **parlarne di persona**. Se si tratta di persone che non ti conoscono, sarebbe meglio arrivare lì con un progetto predefinito, anche se non ben definito, però che sia un pochino più di una bozza. Infatti, quando ci si reca a un colloquio con persone o presso società che sono nuove, che non ci conoscono, è essenziale fare vedere di essere ben organizzati e di sapere bene ciò che si sta facendo e ciò di cui si sta parlando. Meglio ancora se ci si presenta con una sorta di **business plan** (*tratterò questo argomento più avanti*).

Un partner ci vuole sempre

Dopo aver scelto i collaboratori, o eventualmente le persone che entreranno in società con te, dovrai **porre particolare attenzione anche al partner**. È chiaro che non mi sto riferendo alla persona con cui magari si è sposati o si convive, ma di chi ti accompagnerà dall'inizio alla fine di questo progetto e che cercherà di intraprendere questa nuova attività, questo nuovo percorso, proprio insieme te.

Tutto ciò è importante, soprattutto se la persona che hai scelto è un amico, un parente o comunque un individuo molto vicino a te. Da un lato potrebbe essere, a una prima sensazione, la persona migliore; dall'altro invece potrebbe essere esattamente il contrario. Quando si tratta di lavoro, di un'azienda – che sia grande o piccola – va bene essere amici, sì, ma non troppo. Nel momento del lavoro **bisogna pensare solo a quello**, a cosa è un bene per l'azienda e per gli affari. Se qualcuno entra in società con te o, ripeto, ti accompagna fin dall'inizio in questo progetto, è fondamentale che questi sia **davvero convinto** delle tue scelte e che non pensi di approfittarsene. Quando si lavora da dipendenti, e si è persone serie che lavorano in un certo modo, si cerca di dare sempre il meglio di sé e non si cerca di prendersi delle libertà, di fare il meno possibile quando non è il momento opportuno. Questo perché con il proprio datore di lavoro, per quanto si possa avere un rapporto di pseudo amicizia, c'è comunque sempre **una certa distanza** perché uno è il datore di lavoro e l'altro è il dipendente. Se invece fai entrare in società una persona molto amica, che magari è anche una bravissima persona potrebbe, tuttavia, non rivelarsi tale in qualità di collaboratore o di dipendente o di socio. Potrebbe, per esempio, decidere di non lavorare come magari ci si aspetta: non accettare turni aggiuntivi se c'è più lavoro, prendere le vacanze quando lo desidera e non secondo le richieste di mercato, del momento o in base alle esigenze di tutti. O anche non lavorare quando c'è solo un piccolo problema di salute — cioè non un problema di salute che veramente potrebbe impedire di lavorare. Ecco, pertanto, che è importante quando ci si accinge a scegliere la persona con cui condividere il proprio business pensare veramente a tutto, a ogni più piccolo dettaglio.

Non scegliere una persona **solo perché ti è amica**: a volte anche la propria moglie, il proprio marito o il partner potrebbero non essere le persone giuste; anzi potrebbe essere anche che si finisca per rovinare rapporti importanti. Perciò, se scegli di mettere una persona al tuo fianco, dovrai essere praticamente **certa** che questa persona sia completamente d'accordo con il tuo progetto, che non abbia dei dubbi, non voglia cambiare arbitrariamente alcune cose. Tutto ciò non significa che questa persona non debba essere propositiva. Ma deve che deve credere fermamente nel progetto e che sia disposta anche a lavorare di più di quanto stabilito. E, infine, che abbia una buona predisposizione alle relazioni sociali, che sia gentile, cortese, paziente anche con i clienti più difficili.

E il business plan?

Il business plan è un elemento **fondamentale** del progetto: non partire senza averne uno. Si potrà elaborarne uno molto semplice da soli oppure si potrà chiedere aiuto a dei professionisti. In quest'ultimo caso, tieni presente che i prezzi per un lavoro del genere possono essere anche piuttosto elevati. Si tratta comunque un costo di avvio che non sottovaluterei e considererei tra i più importanti: avere un ottimo business plan, infatti, consente di **comunicare in un certo modo** (direi nel modo migliore) con le banche, con possibili investitori ed eventualmente avere un progetto che possa essere finanziato e, di conseguenza, eventualmente anche ampliato. Nel business plan deve essere presente tutto quanto necessario a comprendere appieno il progetto – sia tu che un eventuale finanziatore. Per cui, dovrà contenere lo scopo dell'attività, inclusi i possibili dipendenti o i soci che ci lavorano e i relativi stipendi, e poi le spese, il fatturato previsto e così via.

Avere un business plan non dà in ogni caso la certezza che chi lo legga sia poi disposto a finanziare il progetto – che sia una banca o un privato. Tuttavia, come accennato, è molto importante averlo anche per sé stessi. Un business plan aiuta ad avere un **"Piano A"** e un **"Piano B"**, proprio in virtù di un mancato, quanto sperato, finanziamento. Per cui, dovrai essere in grado di partire anche senza quest'ultimo. Se hai ottenuto un finanziamento, con il piano B e con il denaro a disposizione, avrai maggiori possibilità di avviare l'azienda in tempi più brevi e proporre magari servizi aggiuntivi un po' più velocemente perché potrai, per esempio, andare ad acquistare nuovi macchinari o avere la possibilità di pagare più persone che lavorino per te. Potresti anche avere uno spazio maggiore a disposizione, per esempio. Insomma, tante cose che potrebbero cambiare con l'ottenimento di un finanziamento. Tieni tuttavia presente che con i finanziamenti ci vuole comunque del tempo, per cui non è detto che vengano erogati immediatamente: per questo motivo, ti consiglio sempre di avere il piano A, ossia una partenza quasi immediata con i soldi che hai a disposizione. Il piano B occorre se hai intenzione di avviare un'azienda di un certo livello e con quantità piuttosto elevate di denaro.

D'ora in poi, come ti chiamerai?

Prima di addentrarci nel conoscere da cosa partire per buttare giù la nostra prima bozza di progetto, ti ricordo che dovrai anche **pensare al nome della tua attività:** sei una persona creativa, stai lavorando nel mondo dell'artigianato ma, come dicevo, soprattutto nel mondo della creatività. Pertanto, cerca di **dare un tocco di creatività anche al nome** (o brand): se possibile, evita di mettete solo il tuo nome (e/o cognome) oppure una banalità che magari si trova ovunque o che sia simile a tante altre, cerca invece qualcosa di originale, di bello. Che so, gioca un pochino con le parole, con i sinonimi. Per esempio, la fiera "Creattiva" deve il suo nome proprio a un gioco di più parole: "crea", "creativa", "attiva". Insomma, trova anche tu qualcosa di veramente originale. E dal nome, poi, parti anche con la realizzazione del logo. Se, per esempio, si è anche dei grafici si potrà magari crearlo da soli, se invece si è completamente a digiuno di questa materia, il consiglio è di farlo creare da qualcuno competente e professionale perché **anche il logo è molto importante**.

Chi crea loghi per mestiere sa benissimo che la cosa più importante del logo è che questo sia d'impatto, bello, semplice, immediato. E qui vorrei sottolineare la parola *semplice*. Ci sono dei loghi molto complicati o arzigogolati, che possono sì essere anche belli, ma per capirne la bellezza bisogna stare lì a guardarli attentamente per diverso tempo e qualsiasi grafico pubblicitario vi direbbe che un logo così non è un logo che funziona. Una persona deve poter vedere il tuo logo da lontano o da vicino e avere immediatamente l'idea di ciò che stai facendo, di qual è il prodotto o servizio offerto, ma soprattutto deve ricordarsi di te (in gergo tecnico questo si chiama *brand awareness*). Se il tuo logo è confuso da mille elementi (magari belli, ma 1.000!), sicuramente non verrà ricordato facilmente. Quindi gioca di più con i colori o con qualche piccolo dettaglio: uno di questi potrebbe essere anche semplicemente un fiorellino, un filo. Per esempio, se facessi ricamo potrebbe essere semplicemente l'ago con un filo. Insomma, qualche dettaglio molto semplice, molto stilizzato: questa è la base per creare un logo di successo, un logo che venga ricordato e soprattutto un logo che anche e se viene visto altrove, e di conseguenza lontano dal contesto della tua attività, possa saltare **subito** all'occhio. Pertanto, la parola d'ordine per un logo che funziona è: semplicità, immediatezza, ed eventualmente originalità.

La bozza di progetto

La prima cosa che devi fare è realizzare una bozza di progetto. Arrivati a questo punto, si dovrebbe avere già un'idea dell'attività che si andrà ad avviare. Il prossimo passo da compiere è trascrivere una bozza di progetto che definisca il vero e proprio **"piano operativo"**.

Per comprendere quale sia il piano operativo, la prima cosa che dovrai fare è quella di cercare di capire qual è il prodotto il servizio su cui vorresti puntare. Ci saranno di certo altri prodotti e servizi che saranno, per così dire, collaterali – per cui faranno un po' da contorno – ma ci sarà un prodotto e un servizio su cui dovrai proprio puntare per dar vita a tutto ciò. Per questo potranno servirti diverse cose: per esempio, **la prima e più importante sono gli spazi**. Poniamo che tu abbia deciso di sfruttare degli spazi già esistenti, magari nella tua casa: che sia la soffitta o il garage, o comunque un laboratorio che hai già a disposizione. Oppure stai pensando di creare un ambiente completamente nuovo? Questo è un aspetto molto importante che dovrai considerare immediatamente. Come già detto, si potrà pensare a come procedere nel caso si sia ottenuto un finanziamento e come procedere se invece il finanziamento non arriverà o arriverà comunque tardi, però nel piano operativo è essenziale che queste cose siano già state decise. Quindi, a seconda degli spazi che ti occorreranno, ma soprattutto in base anche alla scelta dei macchinari, dovrai pensare alla collocazione e alla disposizione di tutto ciò che ti occorre – compreso lo spazio fisico per te.

Elabora, dunque, **un piccolo progettino a parte**. Non proprio all'interno della bozza di progetto della tua attività, ma un progettino a parte per capire quanti sono, per esempio, i metri quadri che occorrono e come vorresti indicativamente posizionare i vari elementi e complementi d'arredo. In questo caso, ricorda che un'attività di questo genere è sempre in crescita, per cui ti consiglio comunque di pensare a spazi un pochino più ampi rispetto a quelli che serviranno inizialmente: è possibile e auspicabile, infatti, che con il tempo aumenterà la domanda e, di conseguenza, l'offerta di prodotti e servizi – per cui potrebbe volerci più spazio. Ma non solo: potrebbe anche essere che occorrano nuovi macchinari, magari più grandi, con i quali potresti voler proporre lo stesso prodotto ma di dimensioni maggiori. È il caso, per esempio, dei plotter da taglio: ci sono plotter da taglio che tagliano con una larghezza massima di 30 cm; altri che tagliano con una larghezza massima di 60 cm; altri ancora che arrivano a 1 metro. Perciò, potreste voler proporre sempre gli stessi prodotti ma con modalità differenti, e in questo caso va da sé che potresti aver bisogno di più spazio. E, infine, anche i materiali potrebbero essere di più. Per fare un altro esempio, inizialmente potresti lavorare con pellicole viniliche, con termo-vinili e magari proporre solo alcuni colori, mentre con il passare del tempo potresti voler proporre molti più colori: il che significa che avrai molti più rotoli, molte più bobine, ed ecco che ti occorrerà necessariamente molto più spazio. Per cui, pensa sempre anche a un futuro imminente. Anche perché, se dopo un paio d'anni si dovranno cambiare locali, modalità e spazi, diventerebbe un problema e tanto lavoro in più da svolgere con il rischio di non poter lavorare per parecchi giorni. Pertanto, tieni in considerazione questo aspetto.

Elaborare il business plan

In questo libro non approfondirò le modalità di stesura di un business plan, anche perché ci vorrebbe un libro dedicato solo ed esclusivamente a questo. Ma indicherò comunque i passi fondamentali per buttar giù questo tipo di documento essenziale.

IL RIASSUNTO ESECUTIVO

Quando si inizia a elaborare un business plan, **la prima cosa da fare** è un riassunto esecutivo o almeno quello che si chiama così all'interno di questo tipo di documento. Dopo che avrai sviluppato quella che possiamo denominare **"bozza di progetto"** bisognerà riassumere in poche parole l'idea generale che hai della tua attività, del tuo lavoro, ma soprattutto di come pensi possa eventualmente essere finanziato e quali sono i fondi di cui avrai bisogno. Infine, nel riassunto esecutivo bisognerà anche indicare se ci saranno altre persone coinvolte che potranno essere soci, collaboratori, aziende partner o qualsiasi cosa che possa contribuire comunque a far funzionare la nuova attività. Nel riassunto esecutivo si può eventualmente anche indicare qualche breve curriculum, o formazione, delle eventuali persone coinvolte. Il riassunto esecutivo seppur sia una vera e propria sintesi di ciò che verrà poi esposto nell'intero documento, è forse una delle parti più importanti, perché finanziatori e possibili collaboratori faranno riferimento proprio a questo riassunto per capire se l'idea – almeno di base – è già buona. Quindi non scrivere un testo eccessivamente lungo, ma usa le parole giuste e significative, sii credibile ma soprattutto convincente riguardo la nuova impresa cui vorresti dar vita.

LE FINANZE

Aspetto fondamentale di un'impresa sono le finanze: cioè quanti soldi potrai – o deciderai – di mettere a disposizione per aprire la tua attività. Ne hai pochi, ne hai già tanti? Non importa, quello che conta è quanti ne vogliamo mettere da parte, quanti pensiamo possano essere erogati grazie a un finanziamento. Successivamente dovremo redigere un capitolo totalmente dedicato a questo aspetto. Nella scelta del capitale che intendiamo mettere da parte, infatti, è importante pensare a **quanto ne abbiamo già a disposizione**. Se per esempio abbiamo 10.000 euro a disposizione, consideriamo che per l'avvio dell'attività ne dovremmo mettere da parte un po' meno. Questo è molto importante perché, seppur se in genere per questo tipo di attività non occorra così tanto denaro – e quindi la percentuale di rischio è bassa – bisogna comunque calcolarlo. Se pertanto si hanno a disposizione 10.000 €, accantoniamo una piccola parte della somma inutilizzata nel caso in cui qualcosa non funzionasse come dovrebbe. In più, molto importante, è il tener presente che all'avvio dell'attività le entrate potrebbero non essere elevate, per cui **sarà bene mettere da parte** dalle tre alle sei mensilità che saranno disponibili nel caso inizialmente non si riuscissero a coprire totalmente le spese. Tieni anche presente che in questo settore ci possono essere delle importanti differenze: se, per esempio, penso di aprire una Partita Iva e acquisto solo un plotter da taglio che mi può costare intorno ai 300- 400 euro, un po' di materiale ed eventualmente anche una stampante, il denaro che occorrerà – cosa che vedremo meglio nei capitoli successivi – è relativamente poco: parliamo di una cifra iniziale che si aggira tra i 1.000 e i 2.000 euro. Cifra iniziale che spesso si può pagare anche in comode rate, e se poi si pensa di lavorare in casa o comunque in un laboratorio che si ha già a disposizione, e non si hanno costi aggiuntivi, diciamo che il rischio sebbene non sia mai zero, ci si avvicina molto. Infatti, anche se si potranno fare pochi lavoretti, avendo però modo di vendere un minimo, **le entrate ci saranno** e quindi il rischio, come dicevo, si aggira intorno allo zero.

Se però la nostra intenzione è quella di comprare macchinari più costosi – alcuni dei quali li tratteremo nei prossimi capitoli – e soprattutto affittare o acquistare un negozio, un laboratorio e un magazzino, allora le cose cambiano. E in questo caso dovremo proprio pensare a **mettere via una parte dei soldi** che avremo a disposizione. Per cui, se per ipotesi l'obiettivo è guadagnare 2.000 euro al mese, metteremo da parte dai 6 ai 12.000 euro. Questo denaro servirà per i primi 3-6 mesi, nel caso le entrate non siano sufficienti. Anche se comunque una parte di entrate ci sarà ugualmente, questo servirà per la gestione delle emergenze. In un business plan, infatti, **non può mai mancare la gestione delle emergenze**. Come è giusto che sia, tutti sperano che fili sempre tutto liscio come l'olio, ma ci sono casi in cui può rompersi un macchinario, può danneggiarsi qualcosa, dobbiamo affrontare spese non previste e così via. Ecco, pertanto, che deve esserci sempre a disposizione una parte del denaro. Soprattutto se abbiamo deciso di avere un negozio, un magazzino o un laboratorio a parte. Questo è un discorso che vale soprattutto per le persone che vogliono iniziare un'attività, ma che non vogliono lavorare da casa – almeno inizialmente. In ogni caso, ciò che proporrò in questo libro saranno comunque delle attività con spese minime e investimenti che potrà sostenere praticamente chiunque.

IL MARKETING

Aspetto essenziale del proprio lavoro e quello di stabilire un piano di marketing. Se nelle prime fasi del tuo progetto hai deciso qual è il prodotto di punta, quali sono i servizi che vorrai offrire al cliente, ora non dovrai far altro che decidere come il potenziale cliente verrà a conoscenza del tuo prodotto o servizio. Questo è importante soprattutto se decidi di lavorare da casa. Ma un piano marketing serve anche se, per esempio, si dispone di una vetrina in centro città, dove in molti ci possono vedere. Se però, come detto, intendi lavorare da casa, è probabile che nessuno verrà a bussare alla tua porta per chiedere qual è il lavoro che stai facendo. Pertanto, il piano di marketing in questo caso **dovrà essere ancora più accurato.**

Ciò significa che dovrai descrivere con la massima precisione quali saranno **i canali da utilizzare per farti conoscere.** E di questi tempi ce ne sono davvero tantissimi, di canali. A parte i social network che sono quelli più classici, ci sono anche altri canali come per esempio le radio nazionali, le emittenti locali, le TV locali e nazionali. Ma ci sono anche cose più semplici come i cartelloni pubblicitari, i volantini, gli omaggi che potresti decidere di lasciare — magari durante alcuni eventi del settore o presso alcuni negozi.

ESEMPI DI PUBBLICITÀ ALTERNATIVA

Un esempio potrebbe essere quello di chiedere ad alcuni negozi di mettere parte dei nostri prodotti in vetrina o in un altro posto che sia in evidenza. E questo lo si può fare in due modi. Poniamo il caso che si realizzino eventi, kit party, allestimenti o cose di questo genere. Ci si potrà, per esempio, rivolgere a dei negozianti che gestiscono un'attività commerciale con un target abbastanza ampio (come può essere una pasticceria, una panetteria o comunque un negozio di questo genere), che sia conosciuto ma non così grande da essere dispersivo. Si potrà magari chiedere a una di queste realtà se si può realizzare per essi **un allestimento** molto semplice. Per esempio, una semplice scritta in polistirolo, qualche scatolina se si tratta di una pasticceria, qualche confezione se si tratta di una panetteria e così via.

E lo si farà gratuitamente, ma loro, in cambio, nella vetrina esporranno le nostre creazioni. È sufficiente che accanto alle nostre creazioni – in cambio del prodotto gratuito che avremo realizzato – si possa mettere un biglietto da visita o un cartellino che siano ben visibili, in modo che le persone che vedranno la nostra creazione possano contattarci in qualsiasi momento. Un altro esempio può essere quello di un'edicola o una cartoleria: se realizzassimo prodotti personalizzati per la scuola si potrebbe chiedere di riservare un piccolo spazio con un esempio di questi prodotti personalizzati. Anche in questo caso, dovremmo lasciare un biglietto da visita o un volantino – magari con **un codice sconto.** Questo codice sconto permetterà al cliente di acquistare i nostri prodotti personalizzati con uno sconto e al negoziante di avere una piccola percentuale su tutti i clienti che arrivano da loro.

Poniamo invece l'esempio di una pasticceria: qui potremmo chiedere di esporre alcuni dei nostri contenitori per i party. La pasticceria potrebbe vendere al cliente i propri prodotti, confezionati in questi contenitori personalizzati da noi: in questo modo ne avremmo tutti e due il nostro guadagno. Anche in questo caso, potremmo decidere di dare al negoziante una piccola percentuale sul venduto. Questi sono degli esempi, sia di collaborazione che di marketing efficace a basso costo.

Cosa serve per iniziare l'attività

Una delle prime cose di cui avrai bisogno è un commercialista. In questi ultimi anni di commercialisti se ne trovano davvero tanti, ma soprattutto l'offerta è diventata molto più ampia e disponibile **anche online**. Spesso alcuni commercialisti online permettono di avere un buon servizio a costi relativamente contenuti. Questi costi possono cambiare a seconda del tipo di attività, di società che avrai aperto, ma anche a seconda del fatturato e soprattutto anche in base al numero di fatture emesse e ancora altri fattori. Ciò che però non dovrai dimenticare è quello di parlare prima con diversi commercialisti per capire quale sia quello che più si adatta alle tue esigenze: quindi **non fermarti al primo trovato** e poni loro più domande possibili, ma soprattutto cerca di ottenere da loro una consulenza per la miglior strategia da utilizzare.

Anche se nel momento in cui sto scrivendo questo libro probabilmente una delle scelte migliori è quella di aprire un'attività in Regime Forfettario (sempre che le cose non siano già cambiate), fai tuttavia molta attenzione, perché a seconda della quantità di materiali che dovrai acquistare potrebbe convenire non essere nel Regime Forfettario: in alcuni casi, infatti, potrebbe essere meglio aprire una Srl, specie se ci sono altri soci – ma esistono anche le Srl unipersonali. Pertanto, è fondamentale ottenere la consulenza e i consigli di più commercialisti per capire qual è la migliore strategia. Non scegliere un commercialista solo perché ti costa meno, perché se non fosse un bravo commercialista potresti perdere molti più soldi di quelli che avresti speso per un professionista serio e competente. Infatti, se non vengono scaricate le spese che si dovrebbero, come accade nel Regime Forfettario oppure se si sceglie il tipo di ragione sociale non adatto alle proprie esigenze, il costo di gestione attività anziché basso potrebbe essere molto più alto. Ecco così che se avrai magari risparmiato 300 euro all'anno di commercialista, ne potresti poi aver persi 5.000 per avere aperto l'attività in **una ragione sociale sbagliata**. Quindi, la prima cosa che dovrai fare prima di ufficializzare la tua attività, è quella di trovare un commercialista che sia davvero bravo. Attenzione anche ai consigli degli amici: un commercialista, infatti, potrebbe essere molto competente per una determinata attività o settore di attività, ma non per la tua. Perciò, ripeto, parla con tanti commercialisti prima di scegliere quello giusto.

Aprire un sito web

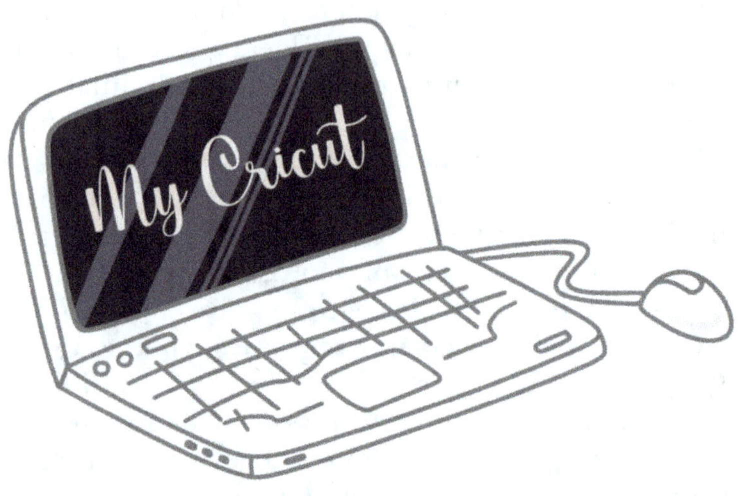

Oggi, avere un proprio sito web è una condizione *sine qua non*: non dimenticare dunque di aprire un sito web personale. E, a tal proposito, facciamo subito chiarezza: Facebook **non è** un sito web, Instagram **non è** il tuo sito web, così come YouTube o qualsiasi altro social media. La vetrina più importante è avere un sito web proprio. Che tu scelga di vendere o meno sul sito questo non ha importanza, ma l'immagine di un'azienda è tutto. E oggi un'azienda che non ha un sito web non è un'azienda che si presenta bene.

Pertanto, se qualcuno cerca qualcosa inerente al tuo settore di attività su Google, il motore di ricerca deve mostrare tra i risultati anche il tuo sito web – che con il tempo dovrà arrivare a essere nelle prime posizioni, se non addirittura nella prima. Se inizialmente non hai molti soldi da parte e non sei in grado di realizzare da te un sito web, aprine uno dove ci siano **anche solo due o tre pagine** dove si possano vedere i tuoi lavori, dove siano presenti i tuoi contatti e che ci sia qualcosa che parla di te.

Il sito web, come per il marchio, **deve avere una grafica pulita, semplice e accattivante**. Ricorda che il sito web è il tuo biglietto da visita che si trova su Internet. E deve essere anche realizzato bene secondo i principi della SEO (Search Engine Optimization) – meglio se da personale esperto – affinché le persone che cercano un'attività come la tua ti possano trovare facilmente. Meglio ancora se farai qualche sponsorizzazione, per esempio, con Google ADS

In regola o no?

Se stai già lavorando in parte in questo settore o stai già creando dei prodotti, facendo dei piccoli lavoretti, è possibile che tu ti stia chiedendo se stai facendo **tutto in regola** o meno, e se è davvero necessario aprire un'attività ufficiale – ossia se aprire o meno una Partita Iva. Sono molti, infatti, a porsi la domanda se con la loro attività possono rientrare nella categoria degli **hobbisti** o dei **creativi**, e su questo aspetto in realtà ci sono alcune cose che è importante conoscere. La cosa più importante è: esistono veramente gli hobbisti per la legislazione italiana? **La risposta è No.** In Italia, infatti, non esiste alcuna disciplina che sia in grado di regolare questo settore, ovvero non esiste un settore relativo all'hobbistica. Perciò, di fatto, in termini fiscali **l'hobbista assolutamente non esiste**. Definirsi tali non è pertanto corretto, e di conseguenza non si può affermare che si realizzano dei prodotti – che verranno venduti – in ambito hobbistico. O per meglio dire, esiste l'articolo 28 del Decreto Legislativo numero 114/98 che in realtà rimanda a varie disposizioni regionali. Ognuna di queste disposizioni regionali, tuttavia, definisce gli hobbisti come: *operatori non professionali che vendono, propongono, espongono, o barattano, in modo sporadico e occasionale, prodotti di modico valore, perlopiù opere della propria creatività e del proprio ingegno.*

Ciò significa che una persona, per definirsi hobbista, anche se come dicevamo non esiste una regolamentazione in merito, deve comunque **seguire certi parametri**.

Il primo è la vendita in **modo occasionale**. Ciò significa che la tua vendita dovrebbe essere svolta in maniera del tutto saltuaria e non in modo professionale. Per esempio, un hobbista potrebbe essere una persona che rispetta un limite importante che è quello della partecipazione a uno o due mercatini all'anno, ma se decidesse di **partecipare a tutti i mercatini** di una determinata Regione non potrebbe più essere considerato hobbista. Perciò, il modo occasionale deve essere considerato molto, molto sporadico. Parleremo più avanti di questo aspetto, ma una delle cose più importanti da ricordare e che se possiedi anche solo una pagina Facebook in cui esponi i tuoi prodotti, in realtà comunichi a tutti – fisco compreso – che **non** stai vendendo in modo occasionale. Per la legge non è importante quanto vendi realmente, ma come cerchi di vendere.

Se pubblichi sui tuoi profili o pagine social tre immagini al mese dei prodotti che crei, proprio per attirare acquirenti, di fatto non stai svolgendo un lavoro occasionale. Anche se stai vendendo tre prodotti all'anno non ha importanza: per la legge stai comunque cercando di effettuare una vendita continuativa, o periodica, nel momento in cui esponi le foto dei tuoi progetti attraverso i social. In sostanza, **per legge non è importante la vendita effettiva**, ma è rilevante ciò che fai per vendere. Come forse ben saprai, infatti, anche per chi ha un negozio (o esercizio commerciale) non importa se non vende mai niente (per mancanza di clienti), in realtà si tratta comunque una vendita continuativa. Se fa anche una sola vendita l'anno, non è comunque considerato hobbista.

Il secondo aspetto, ancora più importante, è che per essere comunque considerato hobbista, sempre secondo queste normative regionali, non si deve assolutamente vendere **prodotti costosi:** questo significa che i tuoi lavoretti non devono costare più di 100 o 250 euro – in alcune Regioni. Attenzione però, perché in linea di massima potresti sì barattare, ma solo se baratti oggetti per valori non superiori a 100 o 150 euro, sempre a seconda della Regione. Va da sé che in questo caso gli introiti sono molto molto limitati. In realtà, se andiamo a vedere le disposizioni di legge, un hobbista vero e proprio non potrebbe neanche poter creare un prodotto da zero, dovrebbe cioè utilizzare un prodotto già pronto e, per esempio, **rinnovarlo** oppure crearlo con materiali di recupero o riciclo già esistenti: se realizzi una **scatolina** con il tuo plotter da taglio da zero, di fatto non potresti rientrare nella categoria hobbisti.

Che differenza c'è tra hobbisti e creativi?

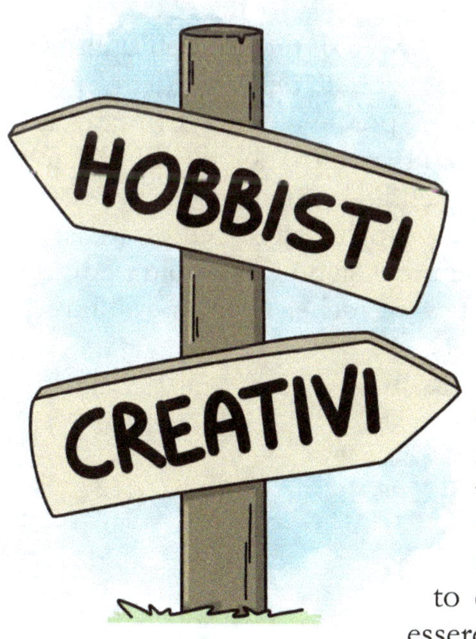

Tra hobbisti e creativi in realtà c'è una significativa differenza: **non appartengono alla stessa categoria.** Come detto prima, infatti, gli hobbisti sono quelle persone che in realtà trattano oggetti che già esistono – **li rinnovano o li riciclano** –, quindi non realizzano un prodotto da zero – come può essere appunto un qualcosa realizzato con un plotter da taglio o un qualcosa realizzato con una macchina da cucire. Insomma, un oggetto proprio da zero. Gli hobbisti, inoltre, oltre che vendere questi prodotti trasformati, possono anche **barattare**. Potremmo definire gli hobbisti come degli artigiani che però non hanno il requisito specifico dell'attività, nel senso che non svolgono un'attività continuativa ma lo fanno solo saltuariamente. E, come ribadito più volte, soprattutto non possono creare beni partendo da zero.

Al contrario, **i creativi possono realizzare prodotti completamente nuovi.** Se vogliono creare delle bomboniere, delle scatoline, dei kit party, dell'abbigliamento per bambini o qualsiasi altra cosa, hanno facoltà di farlo. Possono, così, realizzare oggetti nuovi, originali e, soprattutto, cosa più importante: **vantare la paternità dell'opera.** Infatti, possono proprio avvalersi del cosiddetto diritto d'autore e, di conseguenza, possono anche sfruttare la disciplina relativa allo sfruttamento del diritto d'autore. Come detto, per essere definiti creativi si deve necessariamente avere **una vera e propria attività** ed essere iscritti nell'elenco degli artigiani, ciò significa che oltre ad avere una Partita Iva si dovrà avere anche l'iscrizione all'Inps.

Quando bisogna aprire la Partita Iva?

È necessario aprire la Partita Iva quando il proprio lavoro diventa abituale. Come detto in precedenza, "abituale" non significa che si sta vendendo tanto, ma che si sta cercando di **vendere in maniera continuativa**. Pertanto, se abbiamo una qualsiasi vetrina online, di fatto stiamo svolgendo un'attività continuativa o comunque stiamo ponendo i presupposti per svolgerla in maniera continuativa. Quindi, che si tratti di un artista, di un creativo, di un artigiano o di una qualsiasi per-

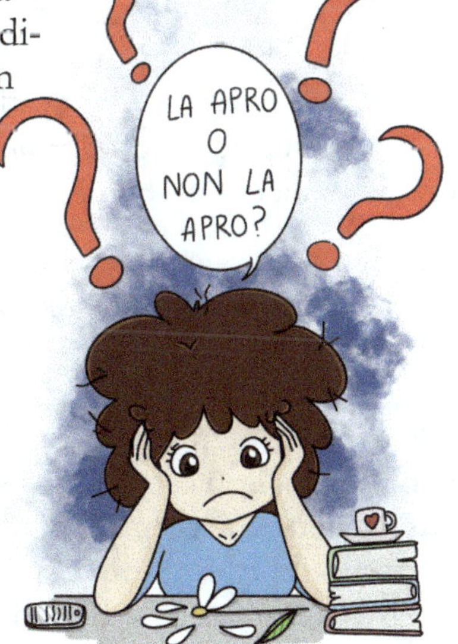

sona che comunque va a creare dei prodotti *ex novo*, si deve obbligatoriamente aprire la Partita Iva.

È altresì importante sottolineare che anche se svolgi un altro mestiere, ma stai cercando di vendere i tuoi prodotti, è comunque **considerata un'attività continuativa** – non importa che dedichi più ore a svolgere altre professioni. Facciamo un esempio: una persona lavora come cameriera in un ristorante e ha la passione per il "fatto a mano", e così nel tempo libero realizza T-shirt personalizzate e collane. Non appena ne ha la possibilità, partecipa ad alcuni mercatini regionali, ma soprattutto pubblica le sue foto sui social in modo che alcune persone possano contattarla in privato. Di fatto, quando viene contattata in privato, spesso vende le sue creazioni online. Nonostante la sua attività principale sia fare la cameriera, non può essere comunque definita un'hobbista, perché in ogni caso dedica diverso tempo alla creazione di questi prodotti. Ecco che in questo caso è obbligata ad aprire comunque una Partita Iva, anche se lavora da dipendente.

Se, invece, questa stessa persona realizzasse gli stessi identici prodotti – T-shirt personalizzate e collane – molto saltuariamente e li vendesse solo ai propri amici o parenti (quindi a nessun altro), e non partecipasse con una certa frequenza a mercatini (uno o due all'anno al massimo) e, soprattutto, non esponesse le sue creazioni sui social affinché qualcuno la contatti per acquistare i prodotti, ecco allora che in questo caso specifico **potrebbe anche non aprire la Partita Iva**. In conclusione, è possibile non aprire la Partita Iva solo ed esclusivamente se si vendono dei prodotti fatti da sé in maniera sporadica. E solo se si tratta di un qualcosa di assemblato – quindi non creato da zero con materiali nuovi – e non si espongono i prodotti attraverso i social o vetrine fisiche. Le uniche persone che possono essere acquirenti, in questo caso, sarebbero solo amici, parenti e simili.

Tuttavia, anche se non si ha in questo caso l'obbligo di Partita Iva, la persona sarà comunque obbligata a **emettere una ricevuta per ogni vendita**, e sarà anche obbligata a dichiarare il proprio reddito nel quadro RL relativo al Modello dei Redditi o del 730 in ottemperanza all'articolo 67 DPR numero 917/86.

5.000 euro all'anno?

Anche guadagnare poco non significa non dover aprire la Partita Iva, come detto in precedenza. L'obbligo della Partita Iva si ha proprio se si svolge un'attività continuativa o quasi; quindi, se si dedicano diverse ore a una determinata attività. Ciò di cui si parla spesso sono i famosi 5.000 euro all'anno, secondo cui **se non si supera questa cifra non si deve aprire la Partita Iva**. Non è così: questo non vale se comunque si svolge un'attività continuativa. Come ribadito più volte, se cerchiamo di pubblicizzare nei nostri profili social o se vendiamo periodicamente i nostri prodotti – anche se vendiamo prodotti per un valore inferiore ai 5.000 euro – trattandosi comunque di un'attività considerata relativamente continuativa (altresì se non lavoriamo tutti i giorni ma vi dedichiamo diverse ore e cerchiamo di far conoscere i nostri prodotti) il limite dei 5.000 euro all'anno in questo caso non vale e **si ha comunque l'obbligo di Partita Iva**.

C'è stato un caso proprio alcuni anni fa, di un falegname che effettivamente aveva un fatturato inferiore ai 5.000 euro l'anno. Questo falegname, durante l'anno aveva emesso una serie di preventivi con tutte le voci di spesa classiche e così, anche se alla fine aveva fatturato e guadagnato poco, solo per il fatto di aver prodotto questi documenti (quindi preventivi) che attestavano a livello pratico che lui effettivamente stava cercando di svolgere un'attività continuativa e redditizia, la sentenza della Cassazione 15.031 del 2014 ha stabilito che lui avrebbe comunque avuto l'obbligo di Partita Iva. **Le sanzioni sono elevatissime** e c'è stato un altro caso proprio alcuni mesi fa di una persona "creativa" che si vi è vista appioppare una multa da decine di migliaia di euro proprio perché vendeva i suoi prodotti su Internet. E, bada bene, non aveva un negozio online ma cercava di **farli conoscere un pochino sui social**. Non avendo aperto la Partita Iva, e nonostante avesse dichiarato di non vendere chissà quanto, la sanzione è stata decisamente elevata: un bel danno, specie se una persona non sta guadagnando chissà che importi. Quindi, il mio consiglio è di fare molta attenzione, di mettersi sempre in regola. I costi della Partita Iva, che andremo ad analizzare più in dettaglio, sono comunque bassi. Il costo più alto, a livello pratico, è solo quello della previdenza, come l'Inps – che tuttavia dovrebbe servire ad assicurarsi di avere una pensione in un futuro.

Fatture o ricevute?

Sia che si possa o si scelga di rientrare nella cosiddetta categoria hobbisti o che si decida di aprire una Partita Iva, si dovrà comunque emettere dei documenti di vendita. E questo **è assolutamente obbligatorio**. Altrimenti, si potrebbero avere diversi e seri problemi per aver evaso le tasse. Anche qui si tratta di sanzioni comunque molto elevate, perciò consiglio di rispettare con attenzione tutte le regole.

Se si è hobbisti si dovrà emettere delle ricevute semplici, non fiscali. La ricevuta non fiscale è quella che viene **emessa dai soggetti privati:** in sintesi, da chi non possiede la Partita Iva. Si sta praticamente dichiarando la cessione di un bene. Nonostante si tratti di ricevute non fiscali, si è obbligati ad applicare una marca da bollo del valore di 2 euro, se la vendita supera i 77,47 euro. In genere non si può mettere la marca da bollo a carico del cliente – ma molti lo fanno. A differenza delle fatture, non si è obbligati a numerare la ricevuta non fiscale.

È importante però che le ricevute non fiscali vengano **archiviate** in qualche modo. Questo sia che le si abbia in formato elettronico, sia che le si abbia in formato cartaceo. Meglio poi dividerle in cartelle o metterle in appositi contenitori suddivisi per anno: si dovrà avere una cartella per ogni anno in cui sono contenute tutte le ricevute, perché se si sarà oggetto di un qualsiasi controllo si dovrà poterle mostrare. Chi ha la Partita Iva può anche dichiarare che tutti i documenti di vendita sono conservati presso il proprio **commercialista**. Nel caso di ricevute non fiscali, si dovrà invece conservarle nella propria casa e mostrarle a un eventuale controllo.

L'obbligo di dichiarazione dei redditi c'è anche per gli hobbisti, soprattutto se si stanno svolgendo anche altri lavori o si ha qualsiasi altro tipo di entrata – non necessariamente derivante da un lavoro. In questo caso, come detto, si dovrà indicare nel quadro RL.

Se, al contrario, non si ha alcuna altra entrata fino a un massimo di 4.800 euro, è possibile non inserire questo nella dichiarazione dei redditi. Quindi, solo nel caso in cui – tra le proprie vendite e qualsiasi tipo di entrata – non si abbia in totale raggiunto i 4.800 euro.

Se si possiede la Partita Iva si dovrà invece **emettere ricevute fiscali ai privati o fatture alle aziende**. È consigliabile avere un programma di fatturazione elettronica (che ora è obbligatorio anche per il Regime Forfettario) che permetta di eseguire al meglio queste operazioni. Tra quelli più economici esiste, per esempio, il servizio di Aruba che, al momento in cui sto scrivendo, costa intorno ai 36 euro l'anno, Iva compresa. Questi programmi sono molto semplici da utilizzare e permettono di inviare in automatico una fattura al cliente, cioè allo SDI o indirizzo PEC del cliente. A seconda del Regime fiscale in cui si è, si potranno emettere fatture differenti. Andremo a vedere poi in un capitolo a parte la differenza tra Regime Forfettario e Regime Tradizionale, quando è più conveniente uno e quando è più conveniente l'altro.

È possibile mettere i propri prodotti su Internet?

Se si fosse hobbisti, in realtà non si potrebbero mettere prodotti su Internet. O per meglio dire, si possono mettere ma **non possono essere destinati alla vendita.** Quindi, da un lato la regola generale è che si può avere un sito Internet in cui pubblicare le foto delle proprie creazioni; l'importante è non mettere i prezzi di vendita, perché in realtà non si tratterebbe di una vera e propria attività. È importante sottolineare che se si pubblicano sempre le proprie foto su Internet, sia sui social che su un sito personale o meno, e si viene contattati in privato per realizzare (e vendere) diversi prodotti, in realtà non si può più affermare che si sta svolgendo un'attività non continuativa. Perciò, l'hobbista può sì avere un proprio sito Internet, può pubblicare foto sui social, ma se queste vetrine fanno sì che abbia contatti in privato per la vendita dei prodotti, trasforma di fatto tutto ciò in **un'attività continuativa**. Attenzione, quindi: ci si può far conoscere ma non si può aumentare il giro di vendite grazie a social o siti Internet.

Ciò significa che se si sta utilizzando un sito Internet per la vendita dei prodotti, a tutti gli effetti si diventa commercianti e artigiani e, di conseguenza, si dovrà aprire la Partita Iva.

E i marketplace?

Anche per i marketplace – come, per esempio, Etsy – vale lo stesso discorso. Si possono pubblicare le proprie creazioni, ma non esporre i prezzi. Non si dovrà neanche utilizzare i marketplace per vendere i propri prodotti **facendosi contattare in privato**. Tantomeno si potranno utilizzare i marketplace per avere una vetrina continuativa: queste cose ormai saltano comunque all'occhio dell'Agenzia delle Entrate. Su Internet, infatti, vengono svolti sempre più controlli dalla Guardia di Finanza.

Secondo alcune nuove normative, tra l'altro, i marketplace devono trasmettere all'Agenzia delle Entrate i **flussi di vendita dei propri iscritti.** Ecco così che portali come Miss hobby o Etsy devono comunque trasmettere anche i "tuoi" flussi di vendita – nel caso tu venda attraverso questo tipo di realtà. Questo vale anche per chi vende regolarmente con Partita Iva. Per questo motivo, da un po' di tempo Etsy ha deciso di mettere l'obbligo di avere la Partita Iva per chi intende vendere sul loro sito.

Aprire la Partita Iva

Se stai dunque pensando di aprire la Partita Iva, sappi che ci sono diverse opzioni. In linea di massima, la maggior parte delle persone inizia con il cosiddetto Regime Forfettario, ovvero un regime che permette di pagare comunque un po' meno tasse, almeno nei **primi cinque anni di attività.** Che sono poi gli anni in cui normalmente si ha l'avviamento dell'attività, per cui si devono ammortizzare più costi e più spese. **Non sempre conviene** aprire la Partita Iva in Regime Forfettario, ma lo diviene quasi sempre quando si tratta di lavori "creativi". La Partita Iva in Regime Forfettario, in realtà, allo stato attuale, offre molteplici vantaggi alle persone che stanno iniziando un tipo di attività nel settore dell'artigianato: il primo è una **contabilità più snella**. Il che permette di abbattere anche dei costi specifici come quelli che si possono avere con il proprio commercialista. Tuttavia, la cosa più importante è proprio **l'Imposta sui redditi**, che è un bel po' più conveniente rispetto alla Partita Iva che rientra nel Regime tradizionale. L'imposta in Regime Forfettario, infatti, può essere del 5% o del 15%, l'importante è che non vengano superati gli

85.000 euro all'anno o, perlomeno, **al momento** è questo il limite imposto per Legge. Le fatture emesse sono senza Iva, quindi, se da un lato è meglio non dover aggiungere o pagare l'Iva, dall'altro è anche vero che questa non si può scaricare.

I vantaggi del Regime Forfettario

Come abbiamo visto, i vantaggi di aprire una Partita Iva in Regime Forfettario sono diversi. Il primo e più importante è proprio quello di pagare **un'imposta unica** per i primi cinque anni in cui è stata aperta la Partita Iva. Ciò significa che dal sesto anno in poi tutte le persone che appartengono al Regime Forfettario dovranno pagare **un'imposta del 15%** – che comunque non è così elevata. È importante sottolineare che non c'è alcun limite di età per entrare in questo regime, e in più c'è anche **uno sconto del 35%** sui contributi INPS proprio per gli artigiani.

Per inciso, oltre ai vantaggi ci possono essere anche degli svantaggi. Il primo e il più importante è che per avere solo il 5% d'imposta – ossia per dover pagare solo il 5% – non dobbiamo superare (al momento) gli **85.000 euro di fatturato all'anno**. In alcuni casi può sembrare tanto, ma stiamo parlando di fatturato e non di guadagno. È chiaro che se vendete scatoline per bomboniere, probabilmente

85.000 euro sono abbastanza ed è difficile superare questo tetto. Se invece vi occupate di kit party, organizzate feste o grandi eventi, questa cifra di fatturato potrebbe essere **più facilmente superabile.** Un altro limite importante è che non si possono spendere più di 20.000 euro per il personale. Indicativamente, la maggior parte di noi con molta probabilità non avrà spese riguardo al personale nei primi anni di attività, però è importante ricordarsi questi punti perché possono incidere sulla scelta di aprire una Partita Iva in Regime Forfettario o Ordinario.

Come nasce il Regime Forfettario

Il Regime Forfettario prevede l'apertura della Partita Iva cosiddetta *forfettaria*. Si tratta, in sintesi, di un regime agevolato che serve proprio per permettere alle persone di aprire un'attività anche con poco, ma soprattutto **senza avere tante spese negli anni in cui c'è uno start-up** vero e proprio dell'attività. Questo regime ha sostituito totalmente quello *dei minimi*. Si utilizza il termine forfettario perché invece di scaricare tutte le spese come si è soliti fare quando si ha un'azienda, viene detratto **un forfait fisso** il quale, tuttavia, può cambiare in base alla propria categoria professionale. La categoria professionale viene definita dal Codice Ateco (*argomento che andremo ad approfondire in seguito*).

Cos'è il Codice Ateco

Il codice Ateco è **un codice alfanumerico** che, sostanzialmente, identifica una precisa attività economica. In caso di Regime Forfettario, le tasse da pagare non si calcolano al netto di tutte le spese che si andranno a sostenere, come accade nel regime ordinario. In questo caso, si esegue invece **un calcolo in percentuale** dei ricavi che viene detratto secondo il *coefficiente di redditività*. Quest'ultimo viene proprio associato al codice Ateco. Per dirla in due parole, le spese vengono ipotizzate in base alla categoria professionale a cui si appartiene. I coefficienti di redditività, quindi, sono molto vari a seconda della categoria – per esempio, quello per gli **artigiani** equivale al 67%. Quello per i commercianti e del 40%, e per i professionisti che non sono iscritti alla Camera di Commercio si arriva addirittura al 78%.

Tutti possono aprire la Partita Iva in Regime Forfettario?

In realtà tutti, o quasi tutti possono aprire una Partita Iva in Regime Forfettario. Comunque, di certo quelli che appartengono alla categoria degli **artigiani**. Pertanto, in particolare sì gli artigiani, ma possono aprire la Partita Iva forfettaria anche i liberi professionisti come, per esempio, i giornalisti oppure i grafici o gli ingegneri. Ma possono farlo anche categorie completamente diverse: come i medici o gli infermieri. In sostanza anche le persone come me che sono iscritte a un Albo Professionale possono farlo.

Quante tasse in percentuale?

Come detto nei capitoli precedenti, il Regime Forfettario prevede una tassazione fissa che però è dettata dal coefficiente di redditività, perciò in base al codice Ateco che si è andati a scegliere. Per esempio, per un **commerciante** il reddito che effettivamente viene tassato è pari al 40%: si parla perciò non del reddito totale, ma del **40% del fatturato annuo**. Ecco così che, come detto, dipende da quale categoria si appartiene. Si deve tenere altresì presente che tutto questo avviene solo ed esclusivamente per il Regime Forfettario e non avviene assolutamente per quello ordinario, per cui **non** vengono dedotti i costi sostenuti da un'attività.

Quante tasse bisogna pagare?

Per meglio comprendere quante tasse si dovranno pagare, esporrò uno degli esempi più classici, che è quello che viene riportato un po' ovunque. Ipotizziamo di essere dei liberi professionisti, per cui abbiamo un reddito tassabile paragonabile al 78%. Quindi, se abbiamo un reddito di 20.000 euro lordi all'anno, per calcolare quanto dovremo pagare in tasse basterà **moltiplicare il coefficiente di redditività per 78%.** In soldoni: 20.000 x 78%.

Il reddito imponibile che riusciremo a ottenere da questo calcolo sarebbe di 15.600 euro. Per calcolare quale sarà l'imposta che dovremo andare a pagare bisognerà calcolare il 5% su 15.600 euro che equivalgono a **780 euro.** Per cui non si dovrà calcolare il 5% su 20.000 euro, ma il 5% su 15.600 euro. Ciò significa che nei primi 5 anni di attività dovremmo andare a pagare 780 euro di imposta finale. Che, se andiamo a vedere, non è poi così elevata. Voglio ricordarti che in questi ultimi anni le tasse vengono **rateizzate**; quindi, non si pagano in un'unica soluzione. Per cui 780 euro all'anno dilazionati in diversi mesi non è poi una cifra così elevata.

Se invece fossimo sempre lo stesso libero professionista che ha fatturato 20.000 euro all'anno ma siamo già arrivati al **sesto anno di attività**, le tasse sarebbero al 15%. Quindi, in pratica, al sesto anno avremo un'aliquota normale. Il che significa che per calcolarla dovremo andare a fare 15.600 x 15%, che diviene 2.340 euro di imposta finale. In sostanza, i primi cinque anni si pagheranno sempre sulla stessa cifra – ossia su 20.000 euro di fatturato: 780 euro – mentre dal sesto anno andremo a pagarne 2.340 euro. Per capire la differenza nel caso in cui si fosse in un regime ordinario (e non in un Regime Forfettario) dobbiamo prendere in considerazione l'elemento costi, cioè le spese sostenute come azienda. Per citare un esempio che si trova su Internet, se un'impresa che non è in Regime Forfettario avesse sostenuto 8.000 euro di spese su 20.000 euro di fatturato, questi 8.000 euro avrebbe potuto **detrarli** – cosa che non sarebbe possibile fare, perlomeno interamente, con il Regime Forfettario. Per cui, se abbiamo un fatturato di 20.000 euro e ne togliamo 8.000 di spese, il reddito imponibile che ne risulterebbe sarebbe di 12.000 euro. Ma siccome l'aliquota non è né al 5% né al 15%, ma è molto più elevata **(23%)**, dovremo fare 12.000 x 23%. In questo caso, dovremmo andare a pagare 2.760 euro di tasse. Ciò significa che nonostante nel regime ordinario possiamo scaricare le spese – che in questo caso sono abbastanza elevate perché sono 8.000 euro su 20.000 – andremo comunque a pagare una quota più elevata. Per questo ti dico che nella maggior parte dei casi, soprattutto per gli artigiani, potrebbe essere consigliabile aprire una Partita Iva in Regime Forfettario. Ma ogni caso è un caso a sé e va considerato con attenzione insieme a un commercialista.

Cos'è la Partita Iva?

Ma cos'è la Partita Iva? Con il termine Partita Iva ci si riferisce a **un insieme di numeri che identificano una persona fisica oppure una società**. Il numero di Partita Iva è composto da 11 cifre di cui le prime sette sono il **numero di matricola** assegnato al soggetto da parte dell'Agenzia delle Entrate. I successivi ottavo e nono numero corrispondono al *Codice Identificativo* dell'ufficio provinciale del fisco, mentre l'ultimo numero ha la precisa funzione di **controllo** sull'esattezza dei precedenti numeri. Il numero di Partita Iva è importante e si dovrà custodire per bene, perché servirà non solo per fare tutti gli acquisti, ma anche per essere identificati come azienda e per la propria posizione fiscale. Qualsiasi cosa si deciderà di fare, che si tratti di un sito Internet, di una vendita, di una fattura… il numero di Partita Iva dovrà essere sempre presente. In sintesi, aprendo la Partita Iva si può dire che si accetta automaticamente l'obbligo di emettere fattura e quindi di pagare anche tutti i contributi che sono dovuti al fisco.

Formula calcolo tasse Regime Forfettario

In tanti mi chiedono delucidazioni riguardo al calcolo delle tasse. Più sotto, ti mostrerò un piccolo schema da seguire (su Patreon, livello Gold, i miei iscritti trovano un file di Excel da poter modificare in maniera tale da sapere sempre quante tasse dover pagare, ancora prima che arrivi la richiesta di pagamento).

Prima di tutto va detto che **in base ai Codici Ateco** che si andranno a utilizzare varierà anche il coefficiente di redditività. Nel caso in cui anche tu, come me, utilizzassi più codici Ateco (per esempio commercio e artigianato) la percentuale potrebbe diminuire (o, in alcuni casi, aumentare). Di seguito, un esempio di calcolo tasse basate su un fatturato di 10.000 euro (che è comunque molto basso per il lavoro che dobbiamo fare noi).

Fatturato: 10.000 euro

Coefficiente codice Ateco Artigiani 67 % = 6.700 euro

Percentuale INPS 24% (considerate però che il minimo INPS equivale a 2.735 euro/anno, anche se non fatturate niente)

Pertanto, le tasse vengono pagate non sul fatturato totale che, nell'esempio, sono 10.000 euro, ma vengono **calcolate sul coefficiente di redditività** relativo al codice Ateco che, in questo caso equivale a 6.700 euro. A questi bisogna ancora togliere le spese dell'INPS. Di seguito, un altro esempio: 6.700 euro -2.735 euro = 3.965 euro

Ora dobbiamo calcolare le tasse al 5%

3.965 x 5% = 198,25 euro

Su 10.000 euro di fatturato, quindi, pagheremo solo 198 euro all'anno di tasse.

Per quanto riguarda l'INPS, la cassa previdenziale che dovrebbe permettere di avere una pensione in futuro, si dovranno pagare, come accennato, un minimo di 2.735 euro. Tale cifra è valida solo per il regime forfettario che ha una riduzione dei contributi INPS del 35%.

Quindi, se aggiungiamo i costi INPS, il calcolo totale da pagare in un anno sarebbe:

2.735 euro di INPS + 198,25 euro di tasse = 2.933,25 euro

In questo caso, l'utile sarà quindi di circa 7.000 euro su 10.000 di fatturato calcolando tutti i costi.

Infine, il mio consiglio è di mettere sempre da parte, ogni mese, il denaro destinato alle tasse in modo da averlo disponibile al momento del pagamento richiesto.

Ritenuta d'acconto: quando e come deve essere fatta

La ritenuta d'acconto **è obbligatoria** ogni qualvolta venga fatta una vendita al cliente (non privato) e deve essere calcolata in base al compenso ricevuto.

Quasi sempre è pari al 20% dell'importo richiesto al cliente ma possono esserci differenze a seconda dell'età o altri fattori (*vedi la tabella*).

La ritenuta d'acconto, in sintesi, è una modalità di pagamento anticipato delle imposte e deve essere versata dal sostituto di imposta (in questo caso il tuo cliente con Partita Iva o un Ente pubblico), **entro il 16 del mese successivo** a quello di pagamento, mediante il modello F24 indicando il codice tributo previsto per il tipo di reddito corrisposto. Nel caso in cui anche il cliente sia un soggetto privato il compenso non sarà soggetto a ritenuta e dovrà versare l'importo complessivo del compenso pattuito.

Calcolare la ritenuta d'acconto

Il calcolo da eseguire è molto semplice. Bisogna moltiplicare il compenso per 20 e dividere il risultato ottenuto per 100 come nell'esempio di seguito:

Compenso: 1.000 euro

1.000 x 20 = 20.000

20.000 : 100 = 200

La ritenuta d'acconto (nell'esempio specifico è 200 euro) viene pagata dal cliente e versata all'Agenzia Delle Entrate. Quindi, se una azienda ti commissiona un party o un allestimento eventi dovrai fare una ritenuta d'acconto nel seguente modo:

Compenso: € 1.000

RITENUTA D'ACCONTO IRPEF 20% - Art. 25 DPR 633/72:   € 200

Netto a pagare: € 800

La ritenuta d'acconto sarà a carico dell'azienda che ha commissionato il lavoro. Nel caso dell'esempio, verserà 200 euro entro il 16 del mese come indicato dall'Agenzia Delle Entrate. Chiaramente anche se la vendita verrà effettuata al privato bisognerà pagare le tasse in un secondo momento.

Tabella riepilogativa (Agenzia delle Entrate)

Tipo di reddito	Aliquota ritenuta	Base imponibile
Compensi per prestazioni di lavoro autonomo anche occasionale	20% a titolo d'acconto	100%
Compensi per cessione diritti d'autore da parte dello stesso autore:		
soggetti di età superiore a 35 anni	20% a titolo d'acconto	75%
soggetti di età inferiore a 35 anni	20% a titolo d'acconto	60%
Compensi per l'assunzione di obblighi di fare, non fare e permettere	20% a titolo d'acconto	100%
Compensi ad associati in partecipazione che apportano solo lavoro	20% a titolo d'acconto	100%
Partecipazione agli utili di soci fondatori o promotori	20% a titolo d'acconto	100%
Compensi di qualsiasi natura per prestazioni di lavoro autonomo anche occasionale corrisposti a soggetti non residenti	30% a titolo d'imposta	100%
Compensi per cessione di opere d'ingegno, brevetti industriali, marchi d'impresa, formule, ecc. corrisposti a soggetti non residenti	30% a titolo d'imposta	100%

I vari Codici Ateco

Se non sai come districarti tra i vari codici, ecco alcuni Codici Ateco tra quelli che potrai scegliere a seconda del tipo di attività che vorrai andare a svolgere.

CODICE ATECO ARTIGIANI: 47.78.32

CODICE ATECO COMMERCIO ONLINE: 47.91.10

CODICE ATECO ORGANIZZAZIONE EVENTI (consulente): 74.90.99

CODICE ATECO ORGANIZZATORE EVENTI (per esempio, wedding planner): 96.09.05

CODICE ATECO ASSOCIAZIONE EVENTI CULTURALI: 94.99.20

CODICE ATECO SARTORIA: 14.13.20

CODICE ATECO CREAZIONI ARTISTICHE (per esempio, scultura e pittura): 90.03.09

CODICE ATECO DISEGNATORI GRAFICI: 74.10.29

Come si apre la Partita Iva?

Il metodo più classico per aprire la Partita Iva è quello di presentarsi, o per meglio dire, di **presentare la richiesta all'Agenzia delle Entrate**. Nel giro di breve tempo verrà attribuito questo codice a 11 cifre, che sarà proprio la Partita Iva. Prima dell'apertura bisognerà compilare e consegnare all'Agenzia delle Entrate un modulo – o modello – chiamato **AA9/12**, nel caso di persone fisiche. Per tutti i soggetti diversi (per esempio, società), il modulo da compilare viene denominato **AA 7/10**. Questo modello è in pratica la dichiarazione di inizio attività che si dovrà consegnare all'Agenzia delle Entrate **entro 30 giorni dall'avvio dell'attività stessa**. I modelli sono scaricabili direttamente dal sito web dell'Agenzia delle Entrate. Quando si andrà a consegnarli, di persona, si dovrà allegare un documento di riconoscimento o, in alternativa, si può inviare anche una raccomandata A/R. Il metodo più veloce, che è poi quello che ho utilizzato anche io, è **l'invio telematico**. In questo caso esiste un software che può essere scaricato direttamente dall'Agenzia delle Entrate e che permetterà di compilare lo stesso succitato modulo, e di dichiarare l'avvio della propria attività.

Durante la compilazione dei vari moduli si dovrà anche scegliere il già citato **codice Ateco** che corrisponde al tipo di attività che si andrà a svolgere e comunicare il Codice Identificativo di questa – che in linea di massima si riferisce all'artigianato, ma ci possono essere molte differenze tra un tipo di attività e l'altra. Attenzione: se si faranno cose diverse si dovranno scegliere e **dichiarare più Codici Ateco**. Per esempio, io sono una giornalista, ma come probabilmente saprete, collaboro anche con aziende del mondo del craft, e svolgo anche attività di artigianato. In questo caso ho dovuto dichiarare diversi codici Ateco.

Quali obblighi si hanno con l'apertura della Partita Iva?

Dopo aver aperto la Partita Iva, il primo obbligo che si avrà sarà quello di **aprire la propria posizione previdenziale presso l'INPS** o, eventualmente, alle Casse previdenziali di determinati albi professionali – se si appartiene a certe categorie come giornalisti, avvocati ecc. Per cui si dovrà fare l'iscrizione all'INPS o altra cassa previdenziale e possibilmente anche all'INAIL per avere una assicurazione sugli infortuni. Tale assicurazione permetterà di ottenere dei risarcimenti in caso di danni sul lavoro. Va sottolineato che l'apertura della Partita Iva, così come l'iscrizione all'INPS, sono **procedure totalmente gratuite**.

Per il Regime Ordinario il costo dei contributi INPS si aggira intorno ai **3.800 euro all'anno**; se si è in Regime Forfettario si ha uno sconto del 35% dei contributi INPS. Attenzione, perché la comunicazione per la riduzione dei contributi INPS deve essere effettuata **subito dopo** aver aperto la Partita Iva – quindi non dimenticarti di farlo!

Ricorda che in fase di apertura della Partita Iva si dovrà scegliere a quale Regime fiscale si vuole appartenere – per esempio, il Regime Forfettario di cui abbiamo parlato oppure quello Ordinario, che può avere anche una forma di contabilità semplificata (cosa che potrà spiegare meglio il commercialista).

Quanto costa aprire la Partita Iva?

In linea di massima, se si sta aprendo una semplice Partita Iva come **ditta individuale** non si hanno costi – se non quelli di segreteria legati alla compilazione dei vari modelli. Ma in genere non si hanno costi se facciamo da noi, che sia online o direttamente presso gli uffici dell'Agenzia delle Entrate della propria zona. Se invece non si intendesse farlo in maniera autonoma, si potrebbero avere effettivamente dei costi di **consulenza** o di apertura che sono riferiti alle spese sostenute da un commercialista o chi per esso: in questi casi, in linea di massima, si va dagli 80 ai 300 euro a seconda del consulente.

Quando non si può avere un Regime Forfettario?

Sono pochi casi in cui può essere impedito di aprire una Partita Iva forfettaria. Il primo è se vengono utilizzati dei regimi speciali Iva (che non sono quelli relativi all'artigianato); il secondo caso è se ad aprire la partita Iva sono persone che hanno la **residenza all'estero** e che non producono almeno il 75% del proprio reddito nel nostro Paese – quindi in Italia. Infine, ci sono i soggetti che svolgono un'attività di compravendita di fabbricati, terreni edificabili o veicoli.

Non è possibile aprire la Partita Iva forfettaria anche se si è **soci in un'altra società**, come per esempio una S.r.l. Non è possibile aprirla anche se si hanno **altri redditi** provenienti da lavoro dipendente che superano i 30.000 euro all'anno. È tuttavia possibile farlo se si hanno redditi da dipendente inferiori a questa cifra.

Si esce direttamente dal Regime Forfettario nel caso in cui si superino gli 85.000 euro di reddito annuale (regola in vigore nel momento in cui sto scrivendo) oppure se si superano le spese per il personale dipendente o per il lavoro accessorio di 20.000 euro.

L'iscrizione alla Camera di Commercio

Per le persone che rientrano nell'attività dell'artigianato – ma anche per i commercianti – è **necessario** iscriversi alla Camera di Commercio. Costo che può variare, ma comunque (al momento) sempre intorno ai 100 euro all'anno. Pertanto, ogni anno tra i vari costi che si hanno per la gestione dell'attività bisogna anche considerare i contributi camerali, che saranno differenti a seconda del codice Ateco. Attenzione, però, perché tali costi sono azzerati nel caso in cui si sia liberi professionisti, e quindi non si svolga attività di vendita di questo genere.

Ricapitolando, è possibile aprire la Partita Iva da soli abbattendo così molti dei costi, soprattutto quelli relativi al commercialista. Ci saranno sì delle spese relative ai **costi di segreteria**, ma in ogni caso aprire la Partita Iva ha un costo relativamente irrisorio.

Quanto costa il commercialista?

Il costo del commercialista in realtà è molto variabile, perché dipende da consulente a consulente e dai servizi che si acquistano. Può anche dipendere anche dal **numero di fatture** che si emetteranno ogni anno e da quanti codici Ateco si hanno. Per cui è praticamente impossibile indicare in questa sede un costo preciso. Se da un lato il costo medio annuo di commercialista si aggira intorno ai 1.000 euro; dall'altro ci sono dei servizi di commercialisti online che in un anno fanno pagare una media di 500 euro - 700 euro. In linea di massima, con il commercialista online **si ottiene un po' di risparmio**. Bisogna tuttavia vedere caso per caso e farsi fare diversi preventivi prima di decidere. A ogni modo, anche il commercialista online offre attività di consulenza e compilazione di tutti i documenti per la dichiarazione dei redditi, eventuali pratiche aggiuntive e video-consulti su piattaforme specifiche come potrebbe essere Zoom.

3

I plotter da taglio

COS'È UN PLOTTER DA TAGLIO?

Un plotter da taglio è una macchina che ci permette di eseguire, come suggerisce il termine, dei tagli estremamente precisi su diversi tipi di materiali. Esistono plotter da taglio di **tutte le dimensioni** e, soprattutto, prezzi. Qui, però, voglio parlarti dei plotter da taglio con **prezzi accessibili** a tutti ma che, paradossalmente, consentono di fare più cose rispetto a quelli utilizzati dalle aziende o dai service di stampa e taglio – che spesso sono di grandi dimensioni.

I plotter da taglio più conosciuti – appartenenti a tale categoria – di cui ti parlerò nelle prossime pagine, sono quelli che si usano proprio per **aprire piccole attività** (o small business). Tra questi vi sono quelli a marchio **Brother** come lo Scanncut; a marchio **Silhouette** come la Cameo 4 (nella versione normale, plus e pro), a marchio **Siser** come Juliet e quelli a marchio **Cricut** , come Maker, Explore e Joy. Quest'ultimo marchio, a mio avviso, è tra i migliori.

Con un plotter da taglio, a seconda del modello, è possibile realizzare tanti prodotti interessanti, destinati a **una grande varietà di pubblico**. Per esempio, si possono realizzare bomboniere, kit party, abbigliamento personalizzato, gadget personalizzati, figurine, adesivi ecc. E poi si possono decorare vetrine, autoveicoli, muri. Si possono personalizzare tazze, bicchieri… si possono creare stencil, confezioni personalizzate, torte scenografiche, fiori in carta o in altri materiali, quadri. Ma si possono eseguire anche tagli per il cucito e magari creare da zero accessori per bambini come bavaglini, porta-ciuccio e persino vestiti per bambole o peluche. Insomma, con questo tipo di plotter da taglio **si può fare veramente di tutto**. Andremo poi a vedere alcuni modelli di plotter da taglio che sono i più comuni e sono anche quelli che ti consiglio maggiormente per avviare la tua attività.

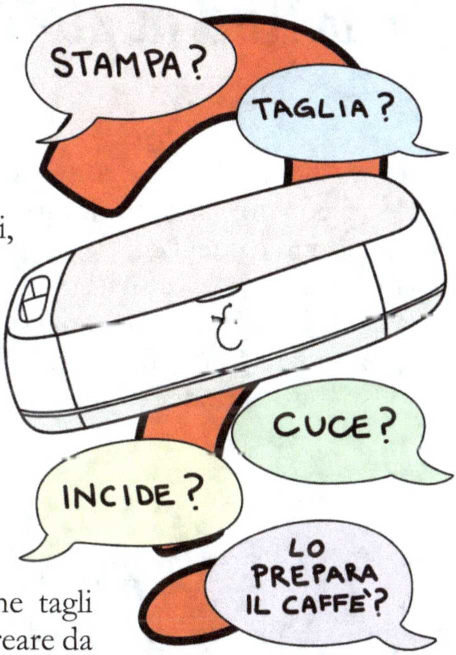

I vari tipi di plotter da taglio

Come accennato, esistono di vari tipi di plotter da taglio. I più conosciuti e quelli che a mio avviso sono i migliori per avviare una piccola attività sono i plotter da taglio a marchio Cricut, Siser e Silhouette. In questo capitolo andremo a vedere le differenze tra i vari modelli di plotter da taglio Cricut e Silhouette.

Cricut Joy

Joy è uno dei più piccoli plotter da taglio a marchio Cricut. Uno dei punti di forza di questo plotter sono **le dimensioni:** poiché è molto piccolo, può essere trasportato con facilità praticamente ovunque. Spesso, infatti, viene utilizzato in combinazione con i plotter da taglio più grandi, proprio perché può essere trasportato tranquillamente anche sul luogo di lavoro. Poniamo il caso che si abbia un'attività nel settore Balloon Art. Se abbiamo decorato i nostri palloncini, per esempio con il vinile, potrebbe anche capitare che durante l'evento, o anche poco prima dell'evento, uno o più palloncini possano scoppiare. Gonfiare un palloncino durante l'evento è un attimo, ma **il problema può essere la decorazione**. E se non abbiamo a disposizione sul posto un plotter da taglio, potrebbe essere molto complicato dover rifare le scritte o, appunto, la decorazione. È chiaro che portare sul luogo di lavoro un plotter da taglio di grandi dimensioni non solo è scomodo, ma spesso non c'è neanche lo spazio sufficiente per posizionarlo. Quindi, l'ideale è poter avere a disposizione un plotter da taglio di piccole dimensioni da usare in caso di emergenza – e non solo, ovviamente. E Cricut Joy, in questo caso, è sicuramente la scelta migliore. Grazie a questo plotter da taglio, infatti, **è possibile avviare un taglio in pochissimi minuti** utilizzando un semplice smartphone o tablet. Joy è, al momento, l'unico plotter della famiglia Cricut che possiede addirittura **una App dedicata**. Per cui, non solo si può utilizzare l'App Cricut Design Space – che è la stessa che si usa per tutti i plotter da taglio – ma si può anche usare quest'App dedicata (Cricut Joy), il cui funzionamento è veramente semplicissimo e immediato. Ciò ci consente, mentre siamo fuori per un evento, di realizzare scritte personalizzate o comunque tagli personalizzati sul momento e in tempi veramente molto brevi.

LE CARATTERISTICHE PRINCIPALI DI JOY

Con Joy possiamo andare a eseguire dei tagli di larghezza massima 11 cm; un po' meno se non utilizziamo i cosiddetti materiali smart. **I materiali smart** sono nati alcuni anni fa proprio con questo tipo di plotter da taglio e si tratta di materiali con **un supporto rigido nel retro** che consente di eseguire il taglio senza l'utilizzo del tappetino. Questa, in realtà, è una grandissima comodità perché permette di **annullare il limite massimo delle dimensioni del tappetino.** Con Joy, per esempio, abbiamo un limite massimo di poco meno di 30 cm. Ciò significa che potremmo andare a eseguire un taglio inferiore ai 30 cm – circa 29,6 centimetri. Con i materiali smart, invece, non dovendo far riferimento alle dimensioni del tappetino possiamo andare a eseguire un taglio sino a **una lunghezza di 1,2 metri** in un unico passaggio: un grande vantaggio, perché nonostante la macchina abbia delle misure limitate possiamo comunque eseguire dei tagli di grandi dimensioni. Con una macchinina "così piccola" possiamo addirittura andare a creare t-shirt e persino adesivi murali. Tieni tuttavia presente che tutto ciò è possibile **soltanto** utilizzando i materiali smart. Al momento i materiali smart disponibili sono vinili sia permanenti che removibili, termovinili, etichette scrivibili – che sono poi tutti i materiali che possono essere prodotti anche in grandi dimensioni e in **rotoli**. Non fanno eccezione anche le pellicole per creare gli stencil. Quando andremo a utilizzare invece dei materiali più comuni come possono essere le carte adesive tradizionali, i cartoncini, i fogli di acetato ecc. saremo **obbligati** a utilizzare il tappetino. Ciò significa che dovremmo fare riferimento alle dimensioni del tappetino. I tappetini disponibili per Joy sono da 16 cm e da 30 cm di lunghezza.

COSA SI PUÒ TAGLIARE CON CRICUT JOY

Con Joy si possono tagliare **circa 50 materiali diversi**. Attenzione però, perché questo numero comprende anche varianti di alcuni materiali. Per fare un esempio, il vinile permanente normale e il vinile permanente glitterato sono considerati due materiali diversi. A parte questo, possiamo tagliare soprattutto cartoncini, carte adesive, fogli di acetato, ecopelle sottile, vinili e termovinili.

COSA POSSIAMO FARE CON JOY

Con Joy possiamo personalizzare diversi prodotti, soprattutto utilizzando vinile e termovinile, quindi oggetti praticamente di qualsiasi tipo. Ma anche capi di abbigliamento e cappellini – in quest'ultimo caso utilizzandolo comunque in abbinamento con le **presse termiche** dedicate. Possiamo andare a creare piccole decorazioni con i cartoncini e possiamo anche creare fantastici biglietti con un tappetino dedicato, che ci permette di utilizzare dei biglietti già prepiegati per poi scriverci o disegnarci sopra, intagliarli e, infine, inserire cartoncini di tutti i tipi nel retro per dare in un certo senso un effetto di **tridimensionalità**.

Con Joy non possiamo, per esempio, eseguire **la funzione di stampa e taglia** (print then cut). Non possiamo neppure andare a realizzare delle **scatoline**. I motivi sono due: il primo è che la macchina non può eseguire la cordonatura, per cui non potremmo andare a incidere le pieghe sulla sagoma della scatolina; il secondo motivo è che con una dimensione inferiore agli 11 cm in larghezza, va da sé che la scatolina sarebbe veramente di dimensioni ridottissime. Non possiamo andare neanche a tagliare **materiali spessi**, non possiamo tagliare **stoffe**, non possiamo andare a tagliare il **feltro**, non possiamo andare a **incidere**, e non possiamo andare a creare l'effetto *embossing e debossing*. Tutte queste limitazioni sono dovute al fatto che Joy ha solo ed esclusivamente **una punta da taglio**; quindi, tutte le cose che possono fare le macchine più grandi Joy non può farle. Sebbene i costi di questo plotter siano effettivamente ridotti, bisogna tener conto che anche le possibilità di personalizzazione e di realizzazione di vari tipi di prodotti sono ridotte. Joy, oltre alla lama classica per il taglio può però montare anche la punta per il transfer foil (dimensione media).

AVVIARE UN'ATTIVITÀ CON JOY

Avviare un'attività basata solo ed esclusivamente sul plotter da taglio Joy significa dedicarsi soprattutto ad alcuni tipi di prodotto. I più classici sono i **prodotti in resina** da personalizzare, in cui possiamo andare a creare delle inclusioni tagliando vari materiali come potrebbero essere – per esempio – il cartoncino e il vinile. Possiamo anche creare **piccoli cartoncini** dove andremo a collocare il nostro oggetto in resina come, per esempio, un portachiavi. Possiamo anche creare i cartoncini per posizionarvi sopra orecchini o braccialetti. Come accennato, non possiamo creare una scatolina vera e propria, però possiamo andare a creare un **confezionamento personalizzato** in questo senso. Un'altra cosa che è possibile fare con Joy è la **personalizzazione delle tazze:** in questo caso si utilizzano dei prodotti specifici che si chiamano *Infusible Ink*. Questi prodotti nient'altro sono che dei fogli molto simili ai cartoncini che possono essere intagliati. In realtà però non sono cartoncini e non sono neppure vinili o termovinili, ma sono veri e propri **inchiostri sublimatici**. Il che consente di personalizzare delle tazze con un vero effetto stampa. Andremo quindi a trasferire questo inchiostro che inizialmente è solido direttamente sulla tazza utilizzando delle presse specifiche come Cricut Mug Press.

La **Mug Press** è una pressa espressamente creata per le tazze. Come suggerisce il nome, potremo andare a collocare all'interno solo le tazze in formato mug oppure altre che siano indicativamente dello stesso diametro. In soli 7 minuti avremo una tazza completamente personalizzata. Con gli stessi inchiostri sublimatici solidi possiamo anche andare a personalizzare **capi d'abbigliamento**. È importante sottolineare che, trattandosi di inchiostro sublimatico, questo può essere trasferito solo su **oggetti o tessuti concepiti per sublimazione**. Tali prodotti possiedono, infatti, un rivestimento detto *coating*, realizzato con particelle (o polimeri) di poliestere o nylon. Il rivestimento all'occhio umano è totalmente invisibile. Non si riesce infatti a riconoscere una normale tazza in ceramica da una tazza con un rivestimento per sublimazione. Ma se tentassimo di trasferire questo inchiostro sublimatico solido su una tazza normale **non riusciremmo a trasferirlo**. Con gli stessi prodotti possiamo andare a personalizzare qualsiasi oggetto concepito per sublimazione. Per esempio, anche dei portachiavi, dei guanti da forno, delle presine, delle targhette, dei quadretti, dei sottobicchieri e altri ancora. Quindi, da questo punto di vista non abbiamo poi così tanti limiti. L'unico vero limite, e il più importante, è che non possiamo andare a personalizzare tali prodotti con **una foto o una grafica creata da noi**. Gli inchiostri sublimatici solidi, infatti, hanno già delle trame specifiche. Sono molto belle e dalle tinte super brillanti, ma si tratta comunque di trame o colori preimpostati. Così, come detto, non potremmo andare a realizzare una tazza, una maglia o qualsiasi altro oggetto con una foto personalizzata.

Con Joy, utilizzando il vinile, possiamo per esempio personalizzare delle borracce, dei quaderni, delle matite o penne o qualsiasi altro oggetto ci venga in mente. Il vinile, infatti, è un materiale molto versatile che può essere applicato quasi su ogni oggetto. Potremmo così basare la nostra attività proprio sulla personalizzazione degli oggetti. Questo è un servizio che potresti anche proporre ad alcune attività vicino a te. Per esempio, se accanto a te c'è un negozio di casalinghi potresti metterti d'accordo con il titolare e portare la tua piccola Joy per poi proporre la personalizzazione di prodotti che i clienti stanno acquistando. Potrebbe essere un vasetto, un vassoio, un porta-biscotti, un barattolo per lo zucchero e così via. Anche questa, se vogliamo, è un'idea di attività.

QUANTO COSTA AVVIARE UN'ATTIVITÀ CON JOY?

Nel momento in cui scrivo, i costi per l'acquisto di questo plotter da taglio si aggira intorno ai 150 euro. Il prezzo, tuttavia, potrebbe variare nel tempo. È importante sottolineare che ci sono anche dei *bundle* in cui puoi acquistare per esempio il plotter insieme alla borsa di trasporto oppure dei bundle con dei materiali già inclusi. A questo costo iniziale va aggiunto il set accessori e il tappetino da 30 cm per cui potremmo andare ad aggiungere circa 20-25 euro in più.

AVVIO DELL'ATTIVITÀ PER TAZZE

Se volessi produrre tazze personalizzate insieme alla Joy si dovrebbe aggiungere un costo di circa 199 euro per la Mug Press. Diciamo che, in questo caso, costa più la pressa per tazze che la macchina principale. Spesso, con soli 19 euro in più potresti comunque acquistare un bundle dove, insieme alla pressa per tazze, trovi anche dei **materiali per partire**. Quindi inchiostri sublimatici solidi, nastro resistente alle alte temperature e pennarelli per sublimazio-

mycricut.it

ne. Questi ultimi possono essere utilizzati facendo disegnare la macchina su un normalissimo foglio da stampante – quelli da 80 g, per intenderci. Una volta creato il disegno in maniera **specchiata** potremmo andarlo a trasferire su maglie, felpe, tazze o qualsiasi oggetto adatto alla sublimazione. Anche in questo caso si tratta di una vera e propria **stampa indiretta**. Nel caso delle tazze, come detto, dovrai acquistare quelle adatte alla sublimazione. Le tazze per sublimazione hanno (sempre al momento attuale) dei costi variabili da 1,50 euro – se si acquistano all'ingrosso da fornitori professionali – a circa 3,50 euro se si acquistano singolarmente con prezzo al pubblico. Quindi, se volessimo avviare un'attività con Joy e la pressa per tazze, allo stato attuale la spesa si aggirerebbe **intorno ai 400 euro**.

AVVIARE UN'ATTIVITÀ CON CRICUT JOY PER CAPI DI ABBIGLIAMENTO PERSONALIZZATI

In questo caso dovremmo munirci di una pressa dedicata. Siccome la regola è che **la pressa dovrebbe essere sempre più grande della grafica** che andremo trasferire, se volessimo personalizzare t-shirt, body, felpe dovremmo acquistare una pressa di dimensioni pari a 22,5 cm, come minimo. Questa pressa, a oggi, costa intorno ai 199 euro. Questi sono tutti prezzi di listino, ma come ben sapete, nel libro trovate il mio codice sconto per acquistare sempre tutto a prezzo scontato: NSSD0324.

Nel caso, dovremo aggiungere circa 50 euro in più se vogliamo una pressa di dimensioni un pochino più grandi –

intorno ai 30 cm. In questo caso, non si tratta di una pressa quadrata, ma **una pressa rettangolare** che ci consente di trasferire meglio la grafica quando andiamo a personalizzare felpe e t-shirt. Se invece volessimo personalizzare oggetti di piccole dimensioni come, per esempio, delle scarpine per neonato, avremo bisogno di **una pressa piccolina**. A seconda del modello, le presse possono costare dai 50 ai 70 euro. Si chiamano *Mini Easypress* e sono a marchio Cricut. Per personalizzare i **cappellini**, invece, dovremmo andare ad acquistare una pressa dedicata: la particolarità di questa pressa e che possiede una superficie curva che ci permette di personalizzare con molta più facilità i cappellini. Il prezzo attuale si aggira intorno ai 159 euro. In tutti questi casi dovremmo andare ad aggiungere dei tappetini termoresistenti appositamente studiati proprio per i trasferimenti a caldo. A seconda della dimensione del tappetino, si va dai 25 ai 50 euro. Questi tappetini consentono, in prima battuta, di proteggere il piano di lavoro e, infine, di diffondere in maniera omogenea il calore in modo da migliorare il trasferimento termico.

Quindi, calcola che se volessi personalizzare capi di abbigliamento, dovresti aggiungere al costo di Joy circa altri 250-300 euro.

AVVIARE UN'ATTIVITÀ CON BIGLIETTI, PARTECIPAZIONI CON IL TRANSFER FOIL

Per quanto riguarda l'eventuale utilizzo del transfer foil che permette, per esempio, di poter proporre ai propri clienti delle **partecipazioni di nozze**, inviti con scritte **effetto oro o argento** su testo o decorazioni varie, bisogna mettere in conto l'acquisto del kit per il transfer foil. Si tratta comunque di una spesa contenuta, che oggi si aggira intorno ai 35 euro. Con questo prezzo si può ottenere l'apposita punta per il transfer foil, che serve per trasferire la lamina dorata, argentata o di altri colori su cartoncini o materiali simili. In questo modo, si può offrire al cliente questo tipo di **servizio aggiuntivo** che negli ultimi anni è particolarmente richiesto. È chiaro che non si può proporre solo ed esclusivamente questo servizio, ma è comunque un prodotto aggiuntivo che ti permette di entrare in certi ambienti, come quelli degli **eventi**.

Cricut Explore Air

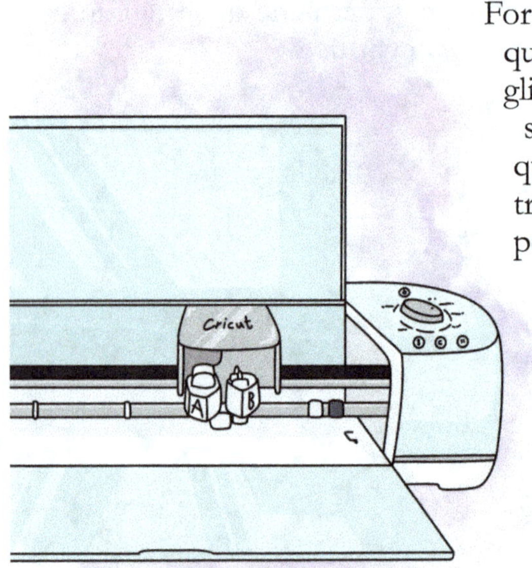

Forse conoscerai già questo plotter da taglio – o forse lo possiedi. Tuttavia, in questo libro non ne tratterò a fondo, perché **non** lo ritengo un ottimo investimento per avviare un'attività. Cercherò di spiegarmi meglio: si può iniziare ad avviare uno Small Business con un plotter da taglio piccolo come Cricut Joy nonostante sia limitato come dimensioni. Questo perché, pur non potendo usufruire delle funzioni tipiche dei grandi plotter da taglio, si possono comunque realizzare diversi interessanti prodotti. In più, l'utilizzo dei materiali smart dà la possibilità di lavorare anche con capi d'abbigliamento o personalizzazioni di dimensioni un pochino più grandi. Il punto di forza di Cricut Joy, come detto in precedenza, sono anche le dimensioni. Il fatto di essere molto piccolo permette di essere trasportato facilmente, quindi di personalizzare molti prodotti anche sul posto o direttamente dal cliente.

Per quanto concerne Explore, invece, anche se possediamo la versione 3 – quella che è in grado di tagliare i materiali smart – lo ritengo (personalmente) **un plotter da taglio limitato** perché non è possibile aggiungere altre punte come, per esempio, quelle che utilizza la Maker. In più, essendo di **grandi dimensioni** non è neppure facile da trasportare. Infine, la **poca differenza di prezzo** che c'è con i plotter da taglio più grandi lo rende un articolo inadatto per avviare un'attività, proprio in virtù delle sue limitazioni tecniche. Se con Joy si possono tagliare circa 50 materiali diversi, con Explore se ne possono tagliare **circa 100.** Cricut Explore Air ha anche la funzione print then cut che Joy non possiede. Nonostante ciò, rimane comunque molto limitato circa l'utilizzo di più punte. Può, infatti, montare **solo tre tipi di lame** diverse e tutte queste lame sono una la variante dell'altra. Abbiamo così la **lama a punta fine** che permette di tagliare i materiali come carta e cartoncini, i fogli di acetato, il vinile, il termovinile ed ecopelle sottile. La seconda punta che Explore può montare è la **lama nera**: questa è una variante della lama a punta fine, per cui può tagliare gli stessi identici materiali, però un pochino più spessi. La **terza lama** che può montare è anch'essa una variante della lama a punta fine, ed è quella che serve per tagliare i tessuti. Attenzione però: si parla soltanto di tessuti precedentemente accoppiati, per esempio, con dei materiali tipo la fliselina (una teletta stabilizzatrice). Va da sé che se un giorno si vogliono tagliare materiali diversi come quelli che taglia la Maker non si potrà fare, perché l'alloggiamento per le lame **non lo permette.** Ovvero, non è possibile su Explore inserire le stesse punte che monta la Maker proprio per una questione di alloggiamento. Quindi, se un giorno decidessimo di andare a tagliare dei materiali diversi perché il cliente ce lo richiede, non possiamo farlo. Questo è il motivo per cui sconsiglio personalmente di acquistare Explore, se non solo ed esclusivamente per un utilizzo **amatoriale**.

Cricut Maker

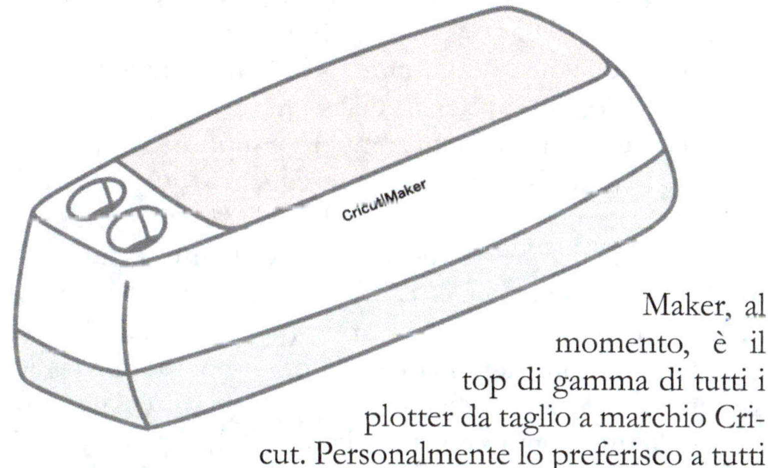

Maker, al momento, è il top di gamma di tutti i plotter da taglio a marchio Cricut. Personalmente lo preferisco a tutti i plotter da taglio di questa categoria che si possono trovare attualmente in commercio. La cosa più importante da sapere è che Maker esiste **in due versioni**, ovvero la versione precedente, quella che adesso tutti chiamano Maker 2 e la versione più recente che si chiama Maker 3. È importante sottolineare che, di base, Maker 2 e Maker 3 sono esattamente **la stessa macchina**. Quindi, entrambi i plotter tagliano circa 300 tipi di materiali diversi. Oltre al taglio classico, entrambe le macchine per mezzo di apposite punte possono anche fare incisioni, embossing e debossing, tagli perforati, tagli ondulati e cordonatura. Ma non solo, con Cricut Maker, infatti, si possono anche tagliare i materiali rigidi: tra questi il legno di balsa, il legno di tiglio, il chipboard (inteso come cartone pressato) e il cuoio.

Tutti questi materiali possono essere tagliati non solo con una punta dedicata che si chiama *lama coltello*, ma anche con una funzione che al momento hanno solo i plotter da taglio Cricut che permette di eseguire il taglio prima in superficie e poi, a mano a mano, sempre più in profondità. Questo perché quando si vanno a tagliare i materiali rigidi come il legno, fare un taglio deciso in un unico passaggio significherebbe rischiare di rompere il supporto in legno o comunque materiali simili. Di conseguenza, questa capacità – che ripeto ha solo Cricut Maker – è veramente di una grande utilità perché permette di **tagliare i materiali rigidi in maniera precisa**. Un'altra cosa molto importante da sapere dei plotter Cricut è che questi possono tagliare anche materiali considerati "difficili" per un plotter da taglio. Tra questi vi sono praticamente **tutti i tipi di tessuto**, anche quelli un pochino più spessi come il denim o jeans e il pannolenci, il feltro, la gomma crepla.

Vedremo nei prossimi capitoli cosa potremo andare a realizzare con Cricut Maker.

DIFFERENZE TRA CRICUT MAKER 2 E MAKER 3

Come accennato in precedenza, le due macchine di base sono esattamente la stessa cosa. Oltre a tagliare gli stessi materiali e avere tutte le funzioni di cui abbiamo trattato, condividono anche **gli stessi accessori** – tra questi anche i tappetini da taglio. Per queste due macchine i tappetini da taglio sono disponibili sia nel formato da 30 cm che nel formato da 60 cm. Il formato da 30 cm si andrà a utilizzare per eseguire dei tagli di dimensioni sino a un massimo di 29,2 cm – sia in lunghezza che larghezza. Mentre con il tappetino da 60 cm possiamo arrivare fino a 59,6 cm in lunghezza (in larghezza, sempre 29,2 cm) in un unico passaggio. Nota bene che anche se andiamo a utilizzare un tappetino da taglio da 60 cm dovremmo comunque eseguire un taglio di una larghezza massima di 29,2 cm X 59,6 cm. Questo però avviene soltanto se andiamo a usare i tappetini, e qui troviamo la differenza più importante tra Cricut Maker 2 e Cricut Maker 3. Quest'ultima macchina, infatti, possiede delle **guide di caricamento tappetini** che sono totalmente diverse da quelle della Maker 2. Il che significa che, oltre ai tappetini classici di cui abbiamo appena parlato, è possibile caricare anche i cosiddetti materiali smart. I materiali smart, al momento, sono **prodotti soltanto da Cricut**. Questi possiedono un supporto rigido nel retro che consente di eseguire il taglio anche senza l'utilizzo del tappetino. Ciò significa che si possono abbattere i limiti delle dimensioni di un tappetino (solo ed esclusivamente in lunghezza). Se con il tappetino più grande possiamo eseguire un taglio fino a 59,6 cm in un unico passaggio, con i materiali smart possiamo invece andare a **eseguire un taglio fino a 3,6 metri** – sempre in un unico passaggio.

Come potrai notare, la differenza in questi termini è notevole. Attenzione però: i materiali smart al momento disponibili sono soprattutto vinili e termovinili. In pratica si tratta di materiali che normalmente sono disponibili in rotoli, ed è per questo che possiamo andare a eseguire anche tagli di grandi dimensioni in lunghezza. In realtà c'è anche un altro materiale disponibile in versione smart che è un tipo di **cartoncino adesivo**. Tuttavia, questo tipo di cartoncino non si può produrre in rotoli: per tale motivo la dimensione rimane di 30 cm x 30 cm. In pratica, con questo materiale smart, si può eseguire un taglio senza tappetino, però non di grandi dimensioni. Quindi nella scelta di una macchina, ma soprattutto nella scelta tra Maker 2 e Maker 3 – finché la 2 sarà presente sul mercato – è bene sapere che la differenza più importante è questa: os-

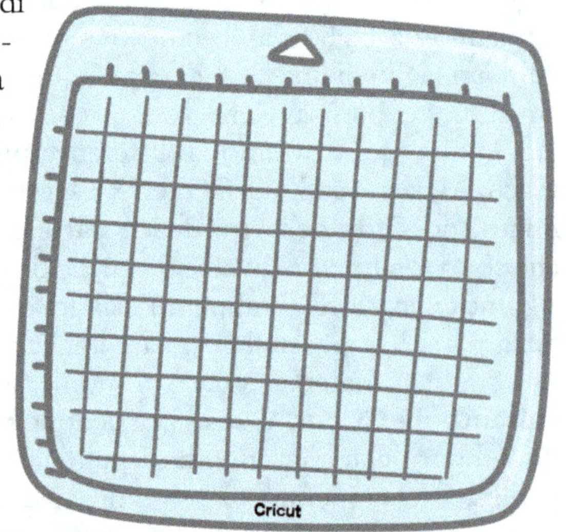

sia, che Maker 3 in più ha la possibilità di eseguire il taglio con i cosiddetti materiali smart. Vorrei precisare che **la velocità di taglio doppia**, rispetto alla Maker 2, è utilizzabile soltanto con l'uso dei materiali smart. Con tutti gli altri la velocità rimane la stessa. A onore del vero: la Maker 3 è un po' più silenziosa. In ogni caso, anche la Maker 2, se confrontata ad altri marchi di plotter da taglio, e comunque in assoluto la macchina più silenziosa che attualmente è presente sul mercato. Potrà dunque servirti la Maker 3 soprattutto se vuoi andare a eseguire dei tagli di grandi dimensioni in lunghezza come possono essere, per esempio, adesivi murali, stencil molto grandi o decorazioni per autoveicoli. È importante sottolineare che se da un lato Maker 2 oggi la si trova a un prezzo decisamente interessante ormai è disponibile solo nei negozi che hanno poco smercio. Infatti, da diversi mesi è fuori produzione. Nonostante ciò, molte persone continuano ad acquistarla nei punti vendita che hanno avanzi di magazzino. Il problema è che con la Maker 2 (quella color champagne e rosa) ormai Cricut non garantisce più l'aggiornamento del firmware. Il che significa che potrebbero presentarsi anomalie durante il funzionamento. Arrivati a questo punto, oggi, sconsiglio di acquistare la Maker 2 per questo motivo.

Le lame e le punte di Cricut Maker

In questo capitolo tratteremo delle punte e delle lame da taglio per Cricut Maker. Che al momento è il plotter da taglio che ha più accessori in assoluto.

LAMA A PUNTA FINE

La lama a punta fine, che possiede un angolo di taglio a 45 gradi, è quella che hanno in dotazione **tutti i plotter da taglio**. Con la lama a punta fine è possibile tagliare materiali come carta e cartoncini fino a una grammatura massima di 270 g, fogli di acetato di uno spessore massimo di 150 micron, vinili, termovinili, ecopelle sottile. Questi sono i materiali più comuni che si tagliano con la lama a punta fine.

LA LAMA NERA

La lama nera è una variante della lama a punta fine. Permette di tagliare gli stessi identici materiali della lama a punta fine, però **più spessi**. Anche visibilmente le due lame, a prescindere dal colore, sono molto simili. In realtà, l'unica differenza è che la lama nera possiede **un angolo di taglio differente**, che permette di eseguire tagli maggiormente in profondità. Se la lama a punta fine, infatti, possiede un angolo di taglio a 45 °, la lama nera ha un angolo di taglio a 60 °. Con la lama nera possiamo tagliare cartoncini da 270 grammi in su, fogli di acetato da 150 micron in su, ecopelle intorno agli 0,5 cm eccetera. In alcuni rari casi è possibile utilizzare la lama nera anche per eseguire il taglio della **gomma crepla**. Ho detto "rari casi" perché in linea di massima con lame specifiche come, per esempio, la lama rotante oppure la lama coltello si ottengono risultati di gran lunga migliori. Nel mio canale YouTube, comunque, troverai dei tutorial dedicati al taglio della gomma crepla.

LA LAMA ROTANTE

Con la lama rotante è possibile eseguire il taglio dei **tessuti**
– praticamente qualsiasi tipo di tessuto – del feltro, del
pannolenci e alcuni tipi di gomma crepla. In questa sede è
impossibile trattare tutte le impostazioni di taglio, ma puoi
trovare molti tutorial che ti aiuteranno a conoscere e a capire bene quali sono le corrette impostazioni in base ai
materiali. Questi tutorial li trovi sul sito www.mycricut.it.
Così come troverai anche tanti video sul canale YouTube
"mycricut".

LA LAMA COLTELLO

La lama coltello permette di tagliare i **materiali rigidi**. Potrai,
per esempio, creare tanti prodotti diversi con il legno di
balsa, il legno di tiglio, il cuoio, il chipboard, la gomma
crepla. Con l'uso di questi
materiali potresti così creare
magari delle scritte realizzate
con il legno di tiglio, dei
cake topper con base in chipboard, delle torte scenografiche con la gomma crepla e
così via.

LA PUNTA PER INCISIONI

Con la punta per incisioni, precisamente **la numero 41**, è possibile andare a eseguire incisioni su plexiglas e su leghe metalliche. Non è, tuttavia, possibile incidere il legno. Attenzione: parliamo di incisioni e non di tagli, perché su questi materiali i tagli si possono eseguire solo con le macchine a taglio **laser**. Con la punta per incisioni si possono creare, per esempio, delle scenografiche lampade a led, dei braccialetti realizzati sempre con la tecnica dell'incisione, dei ciondoli ecc. Quando si va a eseguire un'incisione è importante sottolineare come sia necessario che il materiale sia ben fermo sul tappetino: per questo motivo bisognerà utilizzare il **tappetino di colore viola**, che è il tappetino che ha l'adesività (*grip*) più forte. E poi fissare molto bene il materiale con del nastro di carta.

LA PUNTA PER EMBOSSING E DEBOSSING

Si tratta di una punta molto utile, la **numero 21**, che ci permette di eseguire la tecnica dell'embossing/debossing soprattutto su materiali relativamente leggeri come il cartoncino. Ma non solo: si può eseguire anche su fogli di **alluminio** o **rame** o su materiali particolari come il **cuoio**. Non si può invece utilizzare sulla pelle molto leggera. Tra le varie produzioni che potresti avviare con questa punta c'è quella dei braccialetti in cuoio personalizzati: l'effetto di questa punta sul cuoio, infatti, è veramente molto, molto bello. Potresti così andare a realizzare dei modelli diversificati di braccialetti in cuoio. Può sembrare una cosa banale ma questo tipo di prodotto è **sempre molto richiesto**, specie se fatto a mano. Inserendo chiusure di un certo livello e confezioni personalizzate potresti differenziarti sul mercato proponendo soluzioni originali per le coppie.

LA PUNTA PER IL TAGLIO PERFORATO

Esiste una punta che si può utilizzare con Cricut Maker che permette di eseguire il cosiddetto taglio perforato. Con il taglio perforato si possono, per esempio, creare delle **chiusure a strappo**. Pensiamo ai calendari dell'Avvento, oppure ai ticket per una festa o un evento che ogni invitato, all'arrivo, può far strappare. Oppure possiamo pensare a un bigliettino con una frase a sorpresa che si rivela solo strappando la finestrella che la racchiude. Anche in questo caso potremmo sfruttare questa punta per realizzare molti prodotti diversi. È adatta a chi realizza soprattutto kit party e personalizzazioni per attività commerciali.

LE ROTELLE DI CORDONATURA

Le rotelle di cordonatura sono due: la 01 e la 02. Queste rotelle ci permettono di eseguire la cordonatura, ossia **la riga della piega** che si utilizza nella realizzazione delle scatoline. È utile un po' a chiunque perché possiamo andare a realizzare tante diverse scatoline: per esempio, per le nostre confezioni. Queste punte **sono d'obbligo** per tutte le persone che decidono di realizzare kit party o bomboniere.

Inizialmente, in sostituzione delle rotelle di cordonatura, si può utilizzare lo Stilo di Cordonatura che trovate sul sito necchishop.com (usa il codice sconto!) con il nome di "penna per incisioni". Questo stilo permette di **fare la cordonatura** quando non si hanno a disposizione le due rotelle. Tuttavia, io lo uso spesso anche quando vado a eseguire molti tagli in serie. Lo stilo di cordonatura va inserito **nell'alloggiamento pennarelli** e non nell'alloggiamento lame: questo significa che se io in area di progettazione ho una scatolina, quando avvio il taglio la macchina andrà a eseguire prima la cordonatura e subito dopo il taglio. Ovvero eseguirà tutto in un unico passaggio nel caso in cui io abbia inserito lo stilo di cordonatura. Se, al contrario, ho scelto di utilizzare le rotelle di cordonatura, la macchina eseguirà prima la cordonatura. Poi si metterà in pausa e attenderà che si vada a **cambiare la punta**. In questo caso, dovremo andare a togliere dall'alloggiamento la rotella di cordonatura per poi inserire la lama per il taglio – a seconda del materiale che abbiamo scelto. Da qui si evince che è necessario **un passaggio in più**. Di conseguenza, quando realizziamo tante scatoline in serie, spesso conviene utilizzare lo stilo di cordonatura. È chiaro, tuttavia, che non sempre lo stilo di cordonatura risulta adatto a tutti i materiali: in alcuni casi la cordonatura potrebbe non vedersi a sufficienza; in altri, invece, se andiamo a eseguire la cordonatura su **materiali troppo leggeri** – come potrebbero essere fogli da 70 grammi – questi potrebbero strapparsi.

Questo è il motivo per cui se non vuoi spendere molto denaro, all'inizio potresti acquistare lo stilo di cordonatura, ma in un secondo momento ti consiglio di acquistare anche le rotelle di cordonatura. Anche io, difatti, a seconda dei casi a volte utilizzo le rotelle di cordonatura e in altri casi utilizzo lo stilo di cordonatura.

Cricut Venture, lavorare in grande

Il 23 luglio 2023, Cricut ha lanciato sul mercato internazionale il nuovo plotter da taglio chiamato Venture™. Una macchina progettata per realizzare grandi lavori, sia in termini di formato che quantità. Adatta, quindi, a chi vuole **espandere la propria attività** nel settore dell'artigianato creativo – tema trattato in questo libro – per realizzare prodotti "in serie".

Cricut Venture è dunque il plotter ideale per i tagli di grande formato e per una vasta gamma di materiali. Secondo la casa produttrice, Venture può tagliare fino a 100 materiali e, come per la Maker 3, eseguire tagli singoli in un unico passaggio sino a 3,6 metri di lunghezza (con i materiali smart) e addirittura tagli ripetuti sino a **22,8 metri**. Una delle caratteristiche principali è la **velocità**: Venture può tagliare fino a 61 cm al secondo.

Come per la Maker, anche Venture può utilizzare i **tappetini** da taglio da 30 e 60 cm.

Venture è dotata di un carrello (accessorio) con raccolta del materiale tagliato, disegnato o inciso. È realizzata con **un design salvaspazio a 45 gradi**, adatto al tavolo e angolato con supporti per il tappetino integrati per utilizzare la macchina quasi ovunque. Può montare **rotoli** di materiale smart lunghi fino a 45 m.

Allo stesso modo di Maker, anche Ventre ha il **doppio alloggiamento** per lama e pennarelli. Venture possiede anche la **lama Auto Cut-Off** realizzata per ottenere tagli di finitura perfetti (oppure si può utilizzare lo strumento di taglio manuale incluso). Dotata di un nuovo sistema di fissaggio e guida dei materiali, secondo la casa offre la garanzia di tagli eccezionali – tutto questo però si traduce in maggiore rumorosità rispetto alla Maker 3.

Al momento, il software Cricut Design Space da utilizzare con questa macchina funziona solo su computer desktop o laptop, ma **non** sui dispositivi mobili Android o iOS.

Al momento del lancio il prezzo era di 999 dollari USA e, nel momento in cui scrivo, il plotter **non è** in vendita in Italia.

Per maggiori informazioni si può visitare questa pagina: https://help.cricut.com/hc/it/categories/15443274534039-Cricut-Venture.

Cricut Joy Xtra, l'evoluzione di Joy

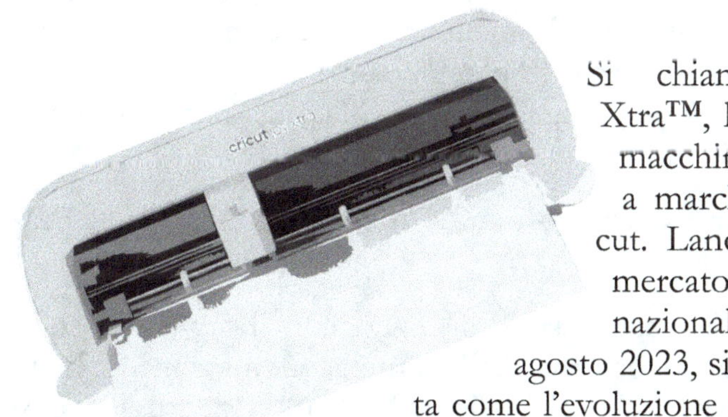

Si chiama Joy Xtra™, la nuova macchina taglio a marchio Cricut. Lanciata sul mercato internazionale il 29 agosto 2023, si presenta come l'evoluzione della famosa Cricut Joy.

A differenza della sua sorella minore, la Joy Xtra permette di creare progetti **fino alle dimensioni di 21,60 x 27,90 cm** (8,5 x 11 pollici) sul tappetino e fino a 1,20 m di lunghezza utilizzando i materiali smart (o Smart Materials™).

Un po' come la Joy classica, la Xtra può tagliare fino a 50 tipi di materiali: dal cartoncino ai vinili e termovinili e altri ancora. Anche essa scrive e disegna, e può essere utilizzata in abbinamento a una normale stampante a getto d'inchiostro. Una novità per la Joy Xtra è la funzione **Print then Cut**, che permette di riconoscere e tagliare i contorni delle immagini stampate con la propria stampante e così creare adesivi, tag e altro. Questa funzione prima era appannaggio soltanto dei plotter più grandi come la Explore e la Maker.

Nella confezione della Joy Xtra troviamo: la macchina da taglio smart Cricut Joy Xtra; Lama Cricut Joy con portalama; Penna a punta fine Cricut Joy (0,4 mm); Mini spellicolatore a uncino Cricut; Biglietto di benvenuto; Adattatore di corrente e cavo di alimentazione; l'abbonamento di prova gratuito a Cricut Access™ (solo per nuovi iscritti); 50 progetti pronti da creare online; Materiali per un taglio di prova; Materiali bonus.

La Cricut Joy Xtra misura 31,70 x 15,20 x 13,90 cm e pesa 2,70 kg.

Le dimensioni massime di taglio con il tappetino sono 20,80 x 29,70 cm, mentre le dimensioni massime di taglio con gli Smart Materials sono 21,60 cm x 1,20 m. La velocità di taglio è di 14,35 cm al secondo. Si collega tramite Bluetooth® wireless.

I plotter da taglio Silhouette

I plotter da taglio Silhouette, in particolare la Cameo, **sono molto simili** a quelli Cricut. Vi sono tuttavia delle differenze che in parte sono dovute a scelte aziendali. La prima e la più importante è che il settore del Craft fa uscire di continuo molte novità. Parliamo sia di novità per quel che concerne i **materiali**, sia di novità per i **software** che per gli **accessori**: per esempio, punte e lame. Questo aspetto è essenziale per chi intenda proporre sempre prodotti nuovi e originali. A mio avviso, i plotter da taglio Cricut hanno quel qualcosa in più che permette a una piccola attività di crescere. Si può dire che, come cresce Cricut con nuovi prodotti, cresce insieme anche la tua piccola azienda. Questo non significa assolutamente che un plotter da taglio Silhouette non vada bene; anzi i plotter da taglio Silhouette Cameo, per esempio, possiedono alcune caratteristiche che potrebbero essere utili a chi commercializza prodotti di un certo tipo. Mi spiego meglio: esistono dei plotter da taglio come Silhouette Cameo Pro che hanno un'area di taglio, e quindi un'area di stampa, che **è praticamente il doppio** di quella dei plotter da taglio Cricut. Questo consente di realizzare scatole più grandi: pensiamo a una *wedding bag*. Se vogliamo realizzare un prodotto di questo tipo ci serve un'area di stampa e un'area di taglio molto estesa, e questo è possibile farlo solo con i plotter da taglio Silhouette – nella versione Pro. Per cui, in questo caso specifico, se la tua idea è quella di realizzare contenitori, scatoline o comunque anche sagome per le quali dovrai utilizzare la funzione di stampa e taglia (Print then Cut), ti occorre proprio un plotter da taglio Silhouette. Per capire meglio, la funzione Print then cut è quella che permette prima di eseguire la stampa utilizzando una semplice stampante collegata al PC e poi di eseguire il taglio della sagoma che si è appena andata a stampare.

Di contro, i plotter da taglio Silhouette non possono eseguire **tagli precisi** su materiali che siano troppo rigidi o un po' più spessi. Pensiamo a un feltro da 3 mm: con Cricut Maker non avrai alcun problema con impostazioni specifiche e feltro di un certo tipo: potrai tranquillamente creare tanti oggetti con questo bel materiale. Al contrario, con le macchine Silhouette si fa veramente fatica a tagliare un feltro da 3 mm, così come il legno di tiglio o il legno di balsa. Le macchine Silhouette, poi, non hanno la **funzione di incisione** – anche se in realtà si possono trovare degli escamotage per incidere ugualmente. È chiaro che se volessimo proprio avere la soluzione perfetta dovremmo avere tutte e due le macchine da taglio: per esempio, una Cricut Maker 3 e una Silhouette Camero 4 Pro. In questo caso **potremmo davvero fare di tutto**. Se però, specie all'inizio, il budget è limitato bisognerà operare una scelta. Quindi, dovrai dare la priorità al plotter da taglio che ti consente di realizzare al meglio ciò che hai intenzione di vendere. Indicativamente, possiamo dire che se vuoi creare prodotti sempre nuovi e originali, se intendi tagliare materiali particolari come il legno di tiglio o il legno di balsa, se vuoi fare incisioni, se vuoi eseguire una cordonatura vera e propria che non sia un solo taglio tratteggiato, e hai intenzione di tagliare il feltro fino a 3 mm, ecco allora che ti consiglio i plotter da taglio **Cricut**, come Maker 3. Se invece vuoi soprattutto tagliare carte e cartoncini stampabili e di grandi formati, ti suggerisco **Silhouette Cameo 4 Pro**.

Ovviamente, non esiste una macchina perfetta. Ogni macchina ha i suoi **pro e contro**; pertanto, il mio consiglio è proprio quello di valutare con la massima attenzione con quale plotter da taglio partire. Semmai, se avrai bisogno di ulteriori consigli, a fine libro o sul **gruppo Facebook**: "Cricut e Silhouette Italia", puoi trovare il mio numero WhatsApp.

Silhouette Cameo 4

Esistono diversi tipi di plotter da taglio Silhouette Cameo 4. La differenza principale sta nelle **misure**. Silhouette Cameo 4 standard è grande come Cricut Maker 3 o 2 (Cricut maker 2 è andata fuori commercio ufficialmente a fine 2022, tuttavia alcuni negozi in Italia hanno ancora avanzi di magazzino). La larghezza, quindi, è di circa 30 centimetri. Silhouette Cameo Plus è leggermente più grande: 37 centimetri di larghezza. La Pro, però, è decisamente più grande della Maker. Parliamo di una grandezza di **ben 61 centimetri**. Con quest'ultima macchina puoi anche realizzare scritte, contenitori, kit party ecc. di grandi dimensioni. Al momento è il **più grande** plotter da taglio di questa categoria.

Le lame di Silhouette Cameo

AUTOBLADE

Autoblade è la lama automatica, inclusa con la macchina. È in grado di **modificare automaticamente la profondità di taglio** in base alla selezione che abbiamo inserito nel software. Tuttavia, in alcuni casi non riesce ad andare alla corretta profondità ed è necessario farlo manualmente. Per questo motivo in alcuni casi può essere più utile usare la lama manuale. L'autoblade taglia termovinile, carta, cartoncino, fogli adesivi e altro ancora a una profondità compresa tra 0,1 e 1 mm.

MANUAL BLADE DA 1 MM

Si può usare in sostituzione della autoblade ed è in grado di tagliare termovinile, vinile, carte, cartoncini, etichette adesive eccetera. La profondità di taglio è la stessa della autoblade.

MANUAL BLADE DA 2 MM

Identica alla precedente ma con un **maggior range** di profondità di taglio che varia da 0,1 a 2 millimetri. Può tagliare anche cartoncino di grammature elevate, gomma crepla sottile e materiali fino a 2 millimetri. La regolazione è manuale.

KRAFT BLADE DA 2 MILLIMETRI

È la lama migliore per tagliare **materiali "difficili"** come la gomma crepla oppure rigidi come il chipboard (cartone pressato) Va bene anche per acetato e carta crespa. Arriva a una profondità di taglio massima di 2 millimetri.

KRAFT BLADE DA 3 MILLIMETRI

Taglia gli stessi materiali che taglia la kraft bladr da 2 millimetri, ma più spessi (arriva fino a 3 millimetri).

ROTARY BLADE

Nasce per il taglio di **tessuti non stabilizzati**, ma anche feltro e pannolenci. Ha però una profondità di taglio massima di 1 millimetro. A differenza della maker, quindi, silhouette non riesce a tagliare facilmente feltro spesso da 3 millimetri e gomma crepla spessa.

PUNCH TOOL

Questo strumento è in dotazione, al momento, solo con le macchine Silhouette e ha la funzione di **contrassegnare il vinile** per renderne più facile la rimozione. Ha una profondità di taglio di 0,8 millimetri.

PEN HOLDER

Si tratta di un accessorio che permette di utilizzare i **pennarelli** per scrivere su carta e cartoncino.

Differenze importanti tra le macchine Cricut e Silhouette

La differenza più importante si vede a occhi nudo: i plotter da taglio Silhouette sono realizzati con **plastiche piuttosto leggere**, sia per quanto riguarda la macchina stessa che per quanto riguarda l'alloggiamento punte. Per queste ultime, Silhouette usa solo plastiche che si rovinano facilmente e per le quali ti potrebbe capitare di dover cambiare tutto l'alloggiamento **dopo tempi relativamente brevi**. Al contrario, Cricut usa un po' meno la plastica, a eccezione di alcuni accessori.

Silhouette Cameo 4 **non può eseguire l'incisione** o, per meglio dire, non è concepita per eseguire l'incisione anche se alcune persone riescono a usare qualche escamotage per farlo. Come accennato, non è in grado di tagliare i materiali spessi o rigidi come fanno le macchine Cricut. Non si riesce quindi a tagliare bene il legno di balsa, il legno di tiglio, il cuoio, il feltro spesso e il chipboard come si fa con le macchine Cricut.Con le macchine Silhouette, inoltre, non è possibile fare una cordonatura vera e propria: Cameo 4 può solo fare una sorta di taglio tratteggiato. Inoltre, **non possiede** punte per embossing, per eseguire i tagli perforati (per realizzare delle chiusure a strappo), lame a onda, kit per transfer foil come, al momento, possiede la Maker.

I software delle macchine Cricut e Silhouette

Silhouette Studio è un software **più complesso** rispetto a quello Cricut e possiede **funzioni avanzate** che al momento Cricut non ha. Per esempio, il tracciamento immagini simile ad *Adobe Illustrator* e la possibilità di modificare i punti relativi a scritte e immagini come un vero e proprio programma di grafica vettoriale. In pratica, le sue funzioni avanzate non hanno nulla da invidiare a programmi di grafica vettoriale di un certo livello. Si può dire che per quanto riguarda la parte software, **Silhouette è più avanti rispetto a Cricut.**

Chiaramente questo significa anche che le persone impiegheranno più tempo a imparare a usare Silhouette Studio rispetto a Cricut Design Space. Quest'ultimo è, infatti, concepito per le persone che sono **completamente a digiuno in materia.** Non a caso, tante funzioni sono completamente guidate *step by step*. Compresa la configurazione della macchina. Cosa che, al contrario, non accade con le macchine Silhouette.

Plotter da taglio Siser

Il primo plotter da taglio Siser è stato **Juliet**. Di nuovissima concezione, possiede una precisione di taglio incredibile. Il suo punto di forza, comunque, è il *print then cut*. Se siete abituati a vedere i risultati ottenuti dalla funzione stampa e taglia di Cricut e Silhouette, sappiate che in questo caso **Siser è un gradino più in alto**. Non utilizza, infatti, un sensore ottico dedicato come accade per i due più famosi marchi di plotter da taglio, ma sfrutta una fotocamera integrata. L'area massima di stampa arriva persino a 38,4 cm, superiore a Cricut e Silhouette. In più, è l'unico plotter da taglio che, al momento, è dotato di un piccolo *touch screen*.

Come per Silhouette e Cricut, anche Siser Juliet può tagliare vinili e termovinili direttamente dal rotolo, senza dover utilizzare un tappetino da taglio. È l'unico plotter di questa categoria che può eseguire **tagli fino 5 metri di lunghezza** dei materiali in rotoli.

Inoltre, ha una funzione che nessuno ha: può cambiare le impostazioni di taglio al momento e persino il punto di inizio del taglio.

Il plotter è molto silenzioso, simile a Maker 3. Ha una velocità media di taglio superiore a Silhouette ed è compatibile con il WI-FI.

QUALI MATERIALI TAGLIA IL PLOTTER JULIET

Juliet taglia alla perfezione i termovinili Siser (non potrebbe essere altrimenti), ma anche carte, cartoncini, carte adesive, ecopelle sottile e gomma eva. I dettagli che puoi tagliare con Juliet sono estremamente piccoli fino a 0,01 mm. Come nel caso di Silhouette e Cricut anche il plotter Siser può disegnare usando i pennarelli Siser per sublimazione – utilizzando un adattatore incluso con l'acquisto della macchina.

IL SOFTWARE

Il software che usano i plotter da taglio Siser si chiama **Leonardo Design Studio**. Al momento è ancora molto "basico" come software e si può fare davvero molto poco rispetto ai suoi competitor Cricut e Silhouette. Indubbiamente, nel tempo verrà perfezionato.

Al momento, i limiti del plotter Siser sono che non può tagliare materiali spessi come il chipboard, il cuoio, il legno di balsa, il feltro e tessuti vari. Non può eseguire la cordonatura, l'incisione, la perforazione e il taglio a onda come le macchine Cricut.

Allo stato attuale, le macchine Cricut sono quelle dotate di più funzioni.

Tra i plotter da taglio Siser esiste anche Leonardo, con un'area di taglio di 60 centimetri anziché di 30 come Juliet.

Attrezzatura da abbinare ai plotter da taglio

STAMPANTI PER SUBLIMAZIONE

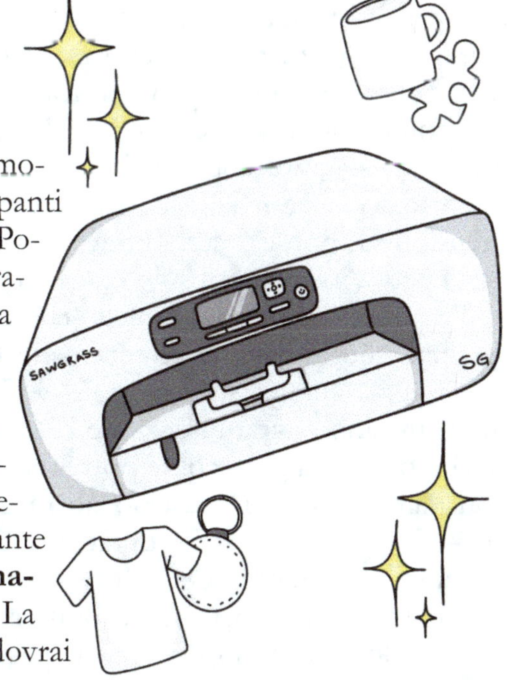

Esistono diversi modelli e tipi di stampanti per sublimazione. Pochi però sono veramente validi. Senza addentrarci troppo nei vari modelli che troviamo in commercio, il mio consiglio è quello di scegliere una stampante che abbia **determinate caratteristiche**. La prima cosa che dovrai valutare è che la stampante possa stampare anche in formato A3 oltre all'A4 – se necessario. Se, per esempio, vuoi realizzare dei gadget piccoli per sublimazione come potrebbero essere dei portachiavi, dei piccoli quadretti, delle calamite, dei puzzle… in questo caso puoi tranquillamente utilizzare una stampante per sublimazione in **formato A4**. Se, invece, pensi di personalizzare oggetti un pochino più grandi, come per esempio dei cuscini, delle coperte, ma anche più semplicemente dei puzzle di grandi dimensioni, allora dovrai scegliere una stampante che supporti il **formato A3**.

Attenzione però a operare la scelta corretta. Cerca fin da subito di guardare anche un pochino avanti; quindi, anche a ciò che vorresti **personalizzare in futuro**, a prescindere da alcuni oggetti che potrebbero essere un po' *borderline* nella scelta di una stampante in formato A3 o in formato A4, come potrebbero essere le t-shirt, le felpe. In questo caso, in realtà, potrebbe andar bene anche una stampante in formato A4 e magari non andrai a fare stampe di dimensioni troppo elevate. Tuttavia, a prescindere da questi casi, pensa bene non solo a quello che andrai a fare nell'immediato, ma anche quello che andrai a realizzare in una fase successiva. Per esempio, potresti cominciare con le tazze, per cui una stampante A4 andrà benissimo, ma se dopo un anno avrai intenzione di realizzare prodotti un pochino più grandi – come potrebbero essere dei cuscini, considerando che un cuscino normalmente è di circa 40 cm – allora, forse, è il caso di fare subito **un investimento iniziale un pochino più elevato**: per cui scegliere una stampante A3 piuttosto che acquistare una stampante A4 per poi, dopo un anno, doverne acquistare un'altra. In questo caso dovrai mettere in conto una maggiore uscita in denaro. Per tale motivo dovrai operare una scelta molto oculata: prima di tutto sul formato della stampante e, in seconda battuta, sul tipo di stampante.

Tra le caratteristiche più importanti che deve avere una stampante – specie se si tratta di sublimazione – è quella di possedere **un impianto idraulico automatizzato**. Ovvero, la stampante deve essere in grado di eseguire un processo di **autopulizia** nel momento in cui non viene utilizzata. Gli inchiostri per sublimazione sono degli inchiostri molto densi. Non devi immaginarti gli inchiostri classici di una stampante a getto d'inchiostro, ma inchiostri estremamente viscosi. Questo cosa significa che se non utilizzati la stampante, gli inchiostri **tendono a seccarsi molto velocemente** con diverse conseguenze: la prima e più importante è che si danneggerebbero le testine. Se si danneggiano le testine nel momento in cui non utilizzi la stampante per sublimazione o, per meglio dire, quando non la utilizzi per un po' di tempo, dovrai per forza acquistarne una nuova. Inizialmente, infatti, la stampa non verrà perfetta, ma con il passare del tempo è quasi sicuro che dovrai **buttare la stampante**, perché la qualità di stampa peggiorerà sempre di più fino a quando sarà impossibile consegnare un lavoro presentabile. Tutto ciò può accadere solo ed esclusivamente se si acquistano delle stampanti per sublimazione che non hanno queste caratteristiche – ossia, che non hanno un impianto idraulico che permette di compiere in automatico il processo di pulizia. Per esempio, io utilizzo una Sawgrass SG 500, quindi una stampante in formato A4. Questa stampante, essendo dotata di questo processo di autopulizia, nei giorni in cui non la uso – lasciandola sempre in stand-by — si accende per circa 1 minuto al fine di **far circolare l'inchiostro** che è contenuto all'interno dei tubicini della stampante. In tal modo si evita il danneggiamento delle testine. Così facendo, ho la certezza che la mia stampante per sublimazione durerà molti anni. In definitiva, se è seppur vero che magari ho speso un pochino di più al momento dell'acquisto, è anche vero che so che **non dovrò ricomprare una stampante nuova** dopo uno o due anni. Non farti quindi tentare troppo da alcuni modelli che sono considerati "economici". Per esempio, la maggior parte dei modelli economici a marchio Epson non è dotata di questo sistema di autopulizia. Rivolgendosi a questi modelli economici si rischia di dover ricomprare la stampante entro massimo un paio d'anni. Come ben saprai è difficile che si vada a utilizzare la stampante tutti i giorni, anche se si ha molto lavoro. Bene o male, in molti vanno in vacanza almeno dieci giorni all'anno oppure può accadere di ammalarsi e di non poter lavorare per alcuni giorni. Con questo tipo di stampanti, economiche, non essendo dotate di questa funzione di autopulizia, ogni volta che non stamperai, **l'inchiostro tenderà a seccarsi** e di conseguenza le testine potranno rovinarsi. Fai pertanto molta attenzione alla scelta della stampante.

Anche gli inchiostri, poi, non sono tutti uguali. Come detto, utilizzando una stampante Sawgrass, io uso anche gli inchiostri Sawgrass. Probabilmente, non tutti conoscono questa azienda, specialmente chi non è del settore. Sappi tuttavia che gli inchiostri Sawgrass sono tra gli inchiostri **più conosciuti** tra chi fa stampa sublimatica: infatti, è stata proprio Sawgrass che, oltre trent'anni fa, ha ideato un determinato tipo di inchiostri per sublimazione. Questi inchiostri non solo possiedono un'eccellente brillantezza di colore, ma hanno anche **un'elevata durata nel tempo**. Quando si tratta di avviare un'attività, quindi, pensa sempre anche ai feedback che potrà darti il cliente. Se consegni un prodotto che dopo qualche mese sbiadisce, probabilmente non tornerà più da te per chiederti un altro lavoro. Perciò, cerca di non risparmiare mai nella scelta della stampante e anche nella scelta degli inchiostri. Non solo avrai una durata maggiore nel tempo delle macchine, ma questo ti potrà garantire anche l'acquisizione di nuovi clienti. Ricorda sempre che un cliente soddisfatto può portarti tanti altri clienti – specie con il **passaparola**. Mentre un cliente insoddisfatto, magari anche solo con una recensione negativa, può fartene perdere tantissimi. Insomma, anche se possiedi un budget limitato, **non risparmiare**. Piuttosto attendi il momento giusto per poter acquistare un prodotto davvero valido.

Il discorso fatto finora vale anche per le stampanti a sublimazione "convertite". Stiamo parlando delle stampanti classiche come, per esempio, le Epson Ecotank che vengono convertite da alcuni in stampanti per sublimazione. Una caratteristica delle stampanti Ecotank è quella di avere dei serbatoi al posto delle cartucce. All'interno di questi serbatoi, molte persone vanno a inserire degli inchiostri per sublimazione – anziché quelli tradizionali originali. Ciò che tanti non tengono in considerazione e che non appena andranno a inserire gli inchiostri per sublimazione all'interno di una stampante normale a getto di inchiostro, **la garanzia viene automaticamente invalidata**. È chiaro che il produttore sa benissimo che se utilizzate inchiostri non idonei, la stampante si rovinerà. L'Ecotank, infatti, essendo una normale stampante, non solo non possiede un processo di auto pulizia, ma l'impianto idraulico che ha all'interno – quindi tutti i tubicini che fanno circolare l'inchiostro – **non sono sufficientemente grandi** per far circolare correttamente un inchiostro diverso. Pertanto, non dubitare sul fatto che inizialmente riuscirai a eseguire delle ottime stampe, ma tieni in conto che dopo un po' di tempo – anzi dopo brevissimo tempo – la tua stampante si rovinerà. Le testine saranno inutilizzabili e, di conseguenza, la qualità di stampa peggiorerà sempre di più con il tempo. Quando ti renderai conto di ciò che è accaduto, dovrai necessariamente acquistare un'altra stampante, che difficilmente sarà la stessa, perché è probabile che dopo un po' di tempo faccia la stessa fine. Per cui toccherà rivolgersi a una stampante più adatta o professionale, come la Sawgrass (o una Ricoh).

L'alternativa andrà a intaccare le tue finanze perché, anziché acquistare una sola stampante – per esempio nell'arco di cinque anni – ne avrai acquistate almeno due. In fase d'acquisto considera che persino alcuni modelli di stampanti Epson concepiti per sublimazione, ma senza impianto idraulico automatizzato, **non prevedono una garanzia produttore superiore a 1 anno.** A prescindere dal fatto che il rivenditore possa essere obbligato a darti un anno in più di garanzia, fa sicuramente riflettere il fatto che il produttore stesso, a oggi, non si sbilanci andando a garantire più di un anno oppure dia una garanzia limitata a un certo numero di stampe. Tutto ciò è spiegabile dal fatto che si tratta di **modelli economici** per sublimazione, modelli per cui già si sa che non dureranno più di tanto. Ecco così che il mio consiglio è di rivolgersi a marchi che si usano in ambito professionale come può essere, appunto, Sawgrass.

COSA SI PUÒ FARE CON LE STAMPANTI PER SUBLIMAZIONE

Con le stampanti per sublimazione si possono andare a personalizzare moltissimi gadget, oggetti, tessuti e tanto altro ancora. In commercio esistono gadget e oggetti concepiti per sublimazione praticamente di **ogni tipo**. Parliamo per esempio di gadget per il settore abbigliamento quindi t-shirt, felpe, magliette, sciarpe, body per bambini e tanto altro ancora. Ma ci sono anche gadget della categoria "home decor", come piatti da personalizzare, tazze, tazzine, guanti e presine da cucina, tovagliette da colazione, borracce, bicchieri, grembiuli e così via. E poi portachiavi, targhette, quadri, scatoline, puzzle, palline di Natale… insomma l'elenco è veramente quasi infinito e potresti proporre realmente qualsiasi tipo di oggetto. L'ideale, se vuoi avviare un'attività di successo, è quello di cercare di seguire un target ben preciso e quindi di **specializzarti** in alcuni prodotti. L'abbinamento migliore è una stampante per sublimazione con un plotter da taglio con cui poter creare degli oggetti personalizzati che poi andrai a sublimare. Questo è possibile ancora di più quando **combini i plotter da taglio con macchine da cucire e con la stampante per sublimazione**. Per esempio, potresti proporre bomboniere personalizzate cucite a mano nelle quali andrai a stampare delle grafiche personalizzate, dei nomi personalizzati oppure potresti cucire dei capi di abbigliamento e realizzarli personalizzati con la tecnica della sublimazione. Va da sé, quindi, che le possibilità sono più ampie quando usi più prodotti insieme.

Kit per stencil

Se la tua idea fosse quella di realizzare stencil, soprattutto personalizzati, per decorare gli oggetti, potresti pensare di acquistare il kit per stencil **Ikonart**. Questo kit per stencil permette di creare delle maschere, quindi degli stencil, che sono molto simili – anzi praticamente identici – a quelli serigrafici. Ciò ti consente di ottenere dettagli anche molto molto piccoli e di riprodurli sui tuoi oggetti. Ipotizza, per esempio, di voler trasferire un ritratto in bianco e nero su una tazza. Potresti partire da una foto, convertirla in disegno e riportare questo ritratto su una tazza. Nel mio canale YouTube "Mycricut" puoi **vedere un esempio** di questo tipo realizzazione. A ogni modo, se andassi a utilizzare degli stencil normali questo procedimento sarebbe praticamente impossibile. Invece, utilizzando il kit per stencil Ikonart si riuscirà, come detto, anche a ottenere dei dettagli incredibilmente piccoli – come potrebbero essere per esempio i capelli della persona del nostro ritratto in bianco e nero. La particolarità degli stencil Ikonart è che si creano in modo **semplicissimo**, utilizzando delle pellicole fotosensibili. In pratica, utilizzando un computer si realizza una semplice scritta o un semplice disegno che vorremmo poi andare a trasferire sul nostro oggetto e lo si trasforma in negativo, ovvero alcuni dettagli saranno di colore bianco e altri di colore nero. Una volta creata la nostra grafica, andremo a stamparla su un particolare foglio trasparente che potrà essere utilizzato sia con una stampante a getto di inchiostro, sia con una stampante laser. O, per meglio dire, esistono dei fogli appositamente dedicati alle stampanti a getto d'inchiostro e dei fogli appositamente dedicati alle stampanti laser. Una volta eseguita la nostra stampa, andremo a posizionarla su un'altra **pellicola idrosolubile**, questa volta di colore blu. Entrambi i fogli verranno poi posizionati sotto una lampada creata da Ikonart, che emette una luce UV a una specifica potenza. In pochissimi secondi il nostro stencil sarà trasferito sulla pellicola blu. In sostanza, la stampa che abbiamo fatto in precedenza sul foglio trasparente viene in un certo senso trasferita sul foglio blu.

Al termine del trasferimento, tuttavia, **non si vedrà assolutamente niente:** il nostro stencil, infatti, comparirà solo nel momento in cui andremo a posizionarlo sotto un getto d'acqua calda. Nel giro di tre-quattro minuti, come per magia, il nostro stencil diventerà visibile. A differenza di uno stencil tagliato su una pellicola tradizionale, come potrebbe essere la pellicola per stencil di Cricut oppure uno stencil tagliato sui fogli mylar, o ancora uno stencil tagliato su un vinile, quelli di Ikonart possiedono una **retinatura nel retro**. Se andrai a toccarli ti sembrerà che non siano forati, però quando poi andrai a trasferire il colore vedrai che in realtà passerà benissimo sulla superficie dell'oggetto.

Le pellicole possono essere riutilizzate più volte e anche le stampe possono essere trasferite più volte sulle pellicole specifiche. In più, gli stencil sono leggermente adesivi, il che ti consentirà anche di posizionarli molto bene sull'oggetto da trattare. Tra tutti gli stencil che ho utilizzato, personalmente ritengo che quelli di Ikonart siano in assoluto i migliori, con i quali poter ottenere un'incredibile precisione dei dettagli – anche piccolissimi.

Con gli stencil Ikonart è possibile anche utilizzare delle **paste specifiche** come quelle per ottenere un effetto bruciato su legno (simile a quello che si otterrebbe con un pirografo). In pratica, spalmi questa pasta (puoi usare la *torch paste*) in sostituzione del colore, dopodiché passi una pistola ad aria calda sufficientemente potente (intorno ai 1.000 watt), e si evidenzierà così l'effetto bruciato. Tale effetto bruciato ti consente di personalizzare, per esempio, degli oggetti in legno e in cartoncino, come potrebbero essere delle copertine di un'agenda oppure le buste in carta che darai ai tuoi clienti.

4

Come impostare il lavoro

Se vuoi davvero guadagnare bene con un plotter da taglio o, comunque, nel campo della creatività, è essenziale comprendere bene il **metodo di calcolo dei prezzi**. Ricorda sempre che si è degli artigiani e l'artigianato – da sempre – va fatto pagare. Purtroppo, nel nostro ambiente oltre che molta confusione in merito, ci sono anche tante persone che fanno dei prezzi al cliente davvero irrisori. Prezzi che non solo **screditano il mercato** ma che, di fatto, non consentono a nessuno di guadagnare. Detto ciò, bisogna uscire completamente da questo meccanismo che non porta davvero a niente e imparare a scegliere un target che **miri realmente alla qualità**. Ma, soprattutto, un target di persone che non stia a guardare i pochi euro in più che andrà a spendere. Da che mondo e mondo, le persone che vogliono acquistare prodotti personalizzati e di qualità sanno che andranno a spendere cifre più elevate. Pensa a chi si fa realizzare abiti direttamente dai sarti, nessuno di loro si aspetta di ricevere un preventivo simile a un vestito che acquista in un magazzino. Ma neppure in un negozio in centro città. Non ha senso, quindi, che i clienti richiedano kit party, abbigliamento, bomboniere o altro al prezzo che trovano ovunque. Se è pur vero che ci sono service che vendono tutte queste cose, è anche vero che nel momento in cui personalizzano una bomboniera, una maglia o un contenitore party lo fanno utilizzando **immagini predefinite** cambiando solo il nome. Oppure, chiedono di inviare una grafica pronta – che non richiede assolutamente nessuna modifica – e mettono tutto automaticamente in macchina. Va da sé che queste realtà possono permettersi di fare prezzi decisamente più bassi perché **non hanno un costo lavorazione** come lo puoi avere tu o come lo può avere qualsiasi artigiano. Ma c'è una differenza: **tu segui il cliente**, offri consigli sul miglior modo di ottenere il risultato che ha in mente e, in più, realizzi grafiche personalizzate al 100%. Questo servizio **va fatto pagare**. E se trovi clienti che non comprendono questo discorso non devi abbassare i prezzi, devi solo rivolgerti a un target completamente diverso.

Torniamo all'esempio dei sarti: se una persona va da un sarto e gli chiede un abito personalizzato che vorrebbe pagare allo stesso prezzo che trova nel "magazzino cinese", secondo te gli fa lo stesso prezzo? Ovviamente no. Perché il sarto sa benissimo che il suo target è un target decisamente più elevato. Quindi **non svalutare mai il tuo lavoro** ma, al contrario, lavora meno guadagnando di più sulla singola lavorazione. Non è affatto impossibile, anzi, è più semplice di quanto si pensi. Bisogna solo investire parte del proprio tempo (e del denaro) per farsi conoscere dalle **persone giuste**. Chiaramente dovrai anzitutto offrire **un**

servizio eccellente e, in seconda battuta, anche **una buona qualità** dei prodotti utilizzati. Molte di queste strategie e di questi metodi li trovi nel corso per avviare un'attività di successo e guadagnare con i plotter da taglio, più precisamente nella mia pagina Patreon: https://www.patreon.com/stefaniadelprincipe.

COME CALCOLARE I PREZZI DELLE TUE CREAZIONI

Per calcolare i prezzi, in rete trovi i soliti metodi che, sì, servono quando si è proprio in fase iniziale, ma che sono assolutamente **privi di senso** quando si intende avviare un'attività.

Il primo e più importante ragionamento che dovrai fare è quello di considerare il tuo **costo orario**.

Il costo orario può sembrare una parte marginale ma è tutto: ogni stipendio si basa sul costo orario. Perciò, se una persona guadagna circa 2.000 euro al mese e lavora 8 ore al giorno, significa che guadagna circa 10 euro all'ora. Ma se hai un'attività, per arrivare alla stessa cifra dovrai fatturare circa 20 euro l'ora, salvo non essere in Regime Forfettario. Va da sé che inizialmente non lavorerai tutte le ore, ma quando avrai tanto lavoro, se non calcoli il costo orario non raggiungerai mai **lo stipendio minimo** di 2.000 euro mese. Per cui, quando una persona ti chiede un lavoro, dovrai pensare bene a quanto tempo impiegherai per realizzare quel determinato lavoro. Chiaramente, dovrai considerare che all'inizio **si sarà più lenti nei lavori** e, dunque, ci metterai più tempo. Per questo non potrai proporre costi spropositati al cliente. Ma vediamo un esempio pratico: una persona ti chiede di creare 30 scatoline per bomboniere con grafica personalizzata. Quanto dovrai chiedere?

Per prima cosa dovrai **fare una stima** del tempo impiegato per realizzare la grafica personalizzata: potrai metterci da un minimo di un'ora a un massimo di dieci ore. Ipotizziamo che si tratti di una grafica semplice e che si impieghi un'ora di lavoro. Il costo di realizzazione grafica va fatto pagare una tantum e se il cliente ti richiederà le stesse bomboniere in un secondo momento, non farai più pagare il costo di realizzazione grafica. Nel preventivo metti un massimo di due modifiche incluse nel prezzo.

Per quanto riguarda il taglio delle scatoline, dipende da quanto sono grandi. In linea di massima, con un solo passaggio in macchina, ce ne stanno da una a un massimo di quattro. Se la scatolina non è da stampare si impiega meno tempo. Chiaramente, se è da stampare, oltre alla stampa eseguita con la stampante, **anche il plotter impiegherà più tempo** perché dovrà anche fare la scansione del foglio per localizzare il punto esatto in cui si trova l'immagine. Ipotizzando che si tratti di un taglio semplice e che si riescano a tagliare 2 scatoline a ogni passaggio, ti occorrono 15 passaggi in macchina. Potresti impiegare più o meno tempo a seconda della complessità della scatolina. Calcoliamo mediamente 7 minuti tra l'inserimento del cartoncino sul tappetino, il taglio e l'estrazione della scatolina dal tappetino. Sette minuti per 15 passaggi in macchina sono poco più di 100 minuti, il che si traduce in **un'ora e tre quarti**. Se devi aggiungere confetti preconfezionati all'interno della scatola, calcola 1 minuto a scatolina, ed è una mezz'ora in più. A questo dovrai aggiungere l'assemblaggio scatolina compreso di eventuali nastri.

Ricapitolando:

- 1 ora di realizzazione grafica (una tantum): 20 euro.

- Circa 2 ore di taglio: 40 euro.

- Mezz'ora di inserimento confetti: 10 euro.

- Assemblaggio e nastri 1 ora e mezza: 30 euro.

In totale siamo arrivati a **100 euro** di costo lavorazione.

Sono, quindi **3,50 euro** a scatolina.

A tutto ciò si dovrà inserire il costo (senza ricarico) del **materiale** utilizzato: cartoncini, nastri, colle, confetti e tutto il resto. Nel complesso difficilmente si riuscirà a chiedere meno di **5 euro a scatolina**. È chiaro che questo è solo un esempio: il prezzo potrebbe essere anche molto più alto se si tratta di una scatolina particolarmente elaborata. Da ciò penso sia abbastanza comprensibile come le informazioni che si trovano su Internet del tipo: "costo materiale moltiplicato per 3, 4 o 5" **non abbiano alcun** senso quando si sceglie di avviare un'attività vera e propria.

COME STILARE UN PREVENTIVO

Qui sotto trovi un esempio di modello di preventivo. Gli iscritti al livello Gold di Patreon, invece, potranno scaricare il file modificabile.

LOGO

SITO INTERNET - SOCIAL

Nome azienda di Nome Cognome

Indirizzo, Partita Iva

Preventivo per

Nome e cognome
Indirizzo
Città (CAP)
Italia

Quotazione

Data	
Preventivo N°	
ID Cliente	
Scadenza preventivo	

Descrizione servizio offerto

Realizzazione di un **mini kit party** per 57 persone.

Il Kit comprende: una torta scenografica in cartoncino a 3 piani, 57 contenitori per pop-corn, 57 confezioni di patatine da 25 grammi, 57 bottiglie di birra da 330ml. (Pop corn non inclusi con la fornitura)

Tutti i cartoncini utilizzati sono **certificati SFC**. Gli involucri per patatine sono certificati per l'uso uso alimentare. L'intera produzione è stata realizzata in **ottemperanza alle regole HACCP**. Nessun alimento, quindi, verrà tolto dalla sua confezione originale durante la lavorazione.

Verranno consegnati, insieme al prodotto finito, anche i numeri di lotto e scadenze di ogni alimento.

Servizi plus: allestimento, invio di inviti digitali, realizzazione grafica

Tempi di lavorazione da Vs conferma: 15 gg **lavorativi**

Quotazione

Prodotto/servizio	Quantità	Prezzo unitario	Totale
Torta scenografica in cartoncino **a 3 piani**	1	79,00	79,00
Contenitore per pop corn con **cartoncino 270 grammi SFC**	57	3,00	171
Confezione personalizzata di **patatine da 23 grammi**	57	2,50	142,5
Birra personalizzata **Pilsner 330ml**	57	7,50	427,5
Realizzazione grafica torta scenografica	3 (ore di lavoro)	20	60
Realizzazione grafica kit party	3 (ore di lavoro)	20	60

Totale: **940 euro** (iva compresa)

Prezzo a voi riservato: 899 euro (iva compresa)

LOGO

Numero di telefono – email – sito internet

LOGO

SITO INTERNET - SOCIAL

Quotazione servizi plus

Servizio	Quantità	Prezzo Unitario	Totale
Allestimento	2 (ore di lavoro)	25	50
Invio 56 inviti digitali	1	35	35
Realizzazione grafica di invito digitale	2 (ore di lavoro)	20	40

Condizioni di pagamento

50% alla conferma dell'ordine

50% alla consegna

Nome e cognome cliente	Data	Firma per accettazione

Si ricorda che l'art. 59 del D.lgs. 206/2006 lettera c. del Codice del Consumo, non è possibile usufruire del diritto di recesso per i prodotti personalizzati

LOGO

Numero di telefono – email – sito internet

COME IMPOSTARE LA PROPRIA ATTIVITÀ

Quando scegli di avviare un'attività, devi pensare a creare qualcosa che possa fare la differenza e che possa essere, almeno in parte, unica e originale. Ma la cosa più importante è che **tu abbia, da subito, le idee chiare**. Ti sconsiglio di iniziare a lavorare facendo un po' di tutto: si rischia di essere troppo dispersivi e di non riuscire a centrare il target corretto. Se ci si occupasse di feste, per esempio, si potrebbe essere specializzati in feste per bambini, in modo da avere sempre un target di riferimento. Anche il semplice passaparola sarà molto più efficace. Se, al contrario, pensi di fare un po' di tutto: dalle tabelline personalizzate alle t-shirt con la tecnica della sublimazione non arriverai mai a niente. Venderai un po' ma non guadagnerai mai bene. Quindi, prima di avviare la tua attività rispondi alle seguenti domande:

- Qual è l'ambiente di riferimento? (famiglie, case, uffici, locali per eventi ecc.).

- Qual è il target a cui voglio puntare? (medio o alto?) Ti sconsiglio quello basso.

- Su quali prodotti punterà la mia attività?

- Qual è il servizio che posso offrire per distinguermi da chi svolge un lavoro simile?

Uno dei problemi principali, per cui molte delle attività in questo settore **non riescono mai a decollare**, è proprio il fatto che si vende un po' di tutto a target non specifici, spesso calcolando anche male i prezzi o cambiando i prezzi a seconda del cliente. In questo modo l'attività sarà eccessivamente dispersiva e, cosa peggiore, non si sarà mai specializzati in qualcosa: quindi **non si potranno mai offrire prodotti e servizi di alto livello**. Da tenere bene a mente è che prodotti e servizi di alto livello significano anche target di alto livello e perciò guadagni più elevati.

SPENDI!

Per avviare un'attività dovrai avere un minimo di animo imprenditoriale. Se pensi di dover risparmiare in tutto probabilmente non andrai mai avanti. Spendi denaro in materiali di alta qualità – fai la differenza in un mercato di persone che usano materiali scadenti, magari acquistati su famosi e-commerce – e metti in risalto la particolarità dei materiali utilizzati con le persone che ti chiedono un preventivo. Fa' capire che tu offri solo servizi e lavori di un certo prestigio. Per tale motivo vendi solo a target medioalti. Spendi soldi anche in attrezzature buone, partendo da stampanti, plotter e altro ancora. Usare, per esempio, stampanti per sublimazione convertite da normali a sublimatiche significa **non fare la differenza in questo ambiente**. E, nel tempo, far sì che le stampe siano sempre più di scarsa qualità. Anziché migliorare, quindi, si rischia addirittura di peggiorare la qualità dei prodotti offerti. Tutto ciò si traduce, con molta probabilità, in **minori vendite**.

Stessa cosa dicasi per nastri, colle, elementi decorativi, carte, cartoncini eccetera. Tutto ciò per dire che, molto spesso, spendere meno e non investire denaro ti fa anche guadagnare meno. Quindi, la domanda che bisognerebbe porsi è: spendendo meno mi porta lo stesso denaro? Oppure spendere di più mi permette di guadagnare cifre più elevate?

Come detto, **il costo tempo è tutto**. Se fai tutto a mano – per esempio con una big shot – impiegherai circa il doppio del tempo rispetto a un plotter da taglio. Quindi, di fatto, il singolo prodotto ti è costato di più. Se lo vendi allo stesso prezzo avrai guadagnato meno. Se invece avessi speso 200-300 euro in più per avere un plotter da taglio veloce, a conti fatti nel tempo guadagnerai molto di più. Perciò, nella maggior parte dei casi conviene investire in denaro per poi guadagnare di più in un secondo momento o per risparmiare di più in un secondo momento.

Pensa quando i grandi supermercati hanno iniziato a inserire nei propri punti vendita le casse automatiche. Senz'altro hanno investito molto denaro. Ma lo hanno fatto perché sanno che nell'arco di 3-5 anni il proprio investimento avrà fruttato a essi ulteriore guadagno. Per ogni set da tre casse automatiche, i supermercati hanno una sola cassiera anziché tre. Considerando che lo stipendio di una cassiera si aggira intorno ai 1.500 euro, risparmiano 3.000 euro di stipendi per ogni set di casse automatiche. Anzi, ne risparmiano circa 6.000 considerando i contributi che devono pagare per le singole cassiere. Il che si traduce in un risparmio di 36.000 euro/anno per ogni set casse automatiche. Questo per farti capire che **raramente risparmiare** su attrezzature e materiali, quando si ha un'attività, è conveniente.

E SPENDI IN FORMAZIONE

Un'altra cosa da non dimenticare, se vuoi avviare un'attività di successo, è quella di **non risparmiare sulla formazione**. Dovrai cercare di essere sempre al passo con i tempi per poter offrire servizi realmente esclusivi. Come detto in precedenza, poter dare ai propri clienti qualcosa di originale o, per meglio dire, un'offerta monopolistica consente di potersi differenziare nella giungla dei cosiddetti creativi.

Per far ciò, è importante imparare tecniche nuove, perfezionare la tecnica che si conosce già ed elaborarne una che si distingua da tutti gli altri. Ma se continui a seguire solo i soliti consigli che trovi su Internet e non segui corsi specifici non riuscirai mai a differenziarti da tutti gli altri.

E poi, far vedere al cliente che si conoscono bene i materiali, i macchinari e il proprio mestiere dà un'immagine di **serietà e professionalità**, che spesso fa la differenza.

UTILIZZARE SOFTWARE DEDICATI

Un altro aspetto importante è quello di usare dei software dedicati per l'elaborazione grafica. Non pensare di poter differenziare la tua offerta utilizzando programmi *basic* come Silhouette Studio o Cricut Design Space. Se da un lato alcuni programmi di grafica costano parecchio, come quelli della Suite Adobe, non si può dire la stessa cosa per quelli di Affinity. L'intera suite costa intorno ai 199 euro e ti permette di elaborare grafica in maniera professionale alla stregua dei programmi Adobe. Ci sono, sì, delle differenze, come per esempio la funzione di ricalco immagine di Illustrator, non disponibile per il suo competitor Affinity Designer. Questa funzione è però sostituibile con il programma Silhouette Studio.

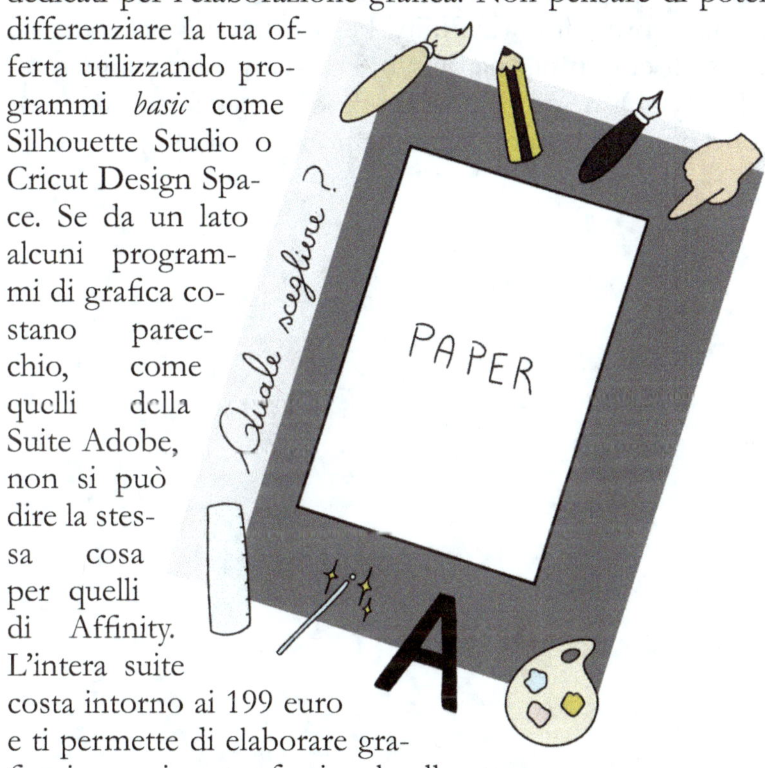

I programmi Affinity sono usciti parecchi anni dopo rispetto a quelli Adobe, ma hanno raggiunto dei livelli di qualità ottimi, tanto da diventare i competitor ufficiali di Adobe. E, oggi, sono molti i grafici che si stanno convertendo ai programmi Affinity. Personalmente io ho deciso di usarli entrambi, ma nel 90% dei casi uso i programmi Affinity. Di seguito, una breve comparazione (i prezzi sono quelli di listino nel momento in cui scrivo).

PROGRAMMA	COMPETITOR	FUNZIONE	PREZZO
Adobe Illustrator	Affinity Designer	Grafica vettoriale	24 euro al mese
Adobe Photoshop	Affinity Photo	Grafica raster	24 euro al mese
Adobe InDesign	Affinity Publisher	Impaginazione	24 euro al mese
Suite Adobe	Suite Affinity	Comprende diversi programmi	65 euro al mese
Affinity Designer	Adobe Illustrator	Grafica vettoriale	74,99 una tantum
Affinity Photo	Adobe Photoshop	Grafica raster	74,99 una tantum
Affinity Publisher	Adobe InDesign	Impaginazione	74,99 una tantum
Suite Affinity	Suite Adobe	Comprende i tre programmi e le versioni per tablet.	

Come avrai potuto notare, i programmi Affinity convengono particolarmente e puoi ottenere l'intera Suite, per tutti i sistemi operativi, a soli 66 euro a software. Il bello è che non c'è nessun abbonamento mensile e il software viene aggiornato più volte durante l'anno. Al contrario, i programmi Adobe hanno un abbonamento mensile piuttosto elevato: si arriva a spendere circa 800 euro all'anno. Quando è in offerta, quasi 500 euro ogni anno.

COSA NON DOVRAI FARE

Non dovrai offrire servizi e prodotti che offrono tutti gli altri. Sui gruppi FB si percepisce piuttosto facilmente che tutti cercano di proporre le stesse cose. Mettersi in competizione con prodotti che offrono tutti gli altri tuoi competitor significa farsi sempre la guerra a vicenda con il rischio di guadagnare poco o niente.

Come già detto, la parola d'ordine è **differenziarsi** offrendo a un target piuttosto alto qualcosa che gli altri non offrono oppure offrono in maniera differente. Quindi dimentica le creazioni che vedi ovunque su Internet e sii sempre alla ricerca di qualcosa di diverso.

Aprire un'attività: come creare una bozza di progetto

Per realizzare la tua prima bozza di progetto prova a rispondere alle seguenti domande (*per i dettagli puoi guardare la prima lezione presente sulla piattaforma Patreon*) e, da questo, stilare un programma descritto nei minimi dettagli. Essere particolareggiati è molto importante.

1) QUALI PRODOTTI VUOI VENDERE?

È essenziale non essere troppo dispersivi e scegliere solo ed esclusivamente una categoria di prodotti o servizi. Per esempio: solo kit party, solo bomboniere, solo capi d'abbigliamento personalizzati e così via.

2) QUAL È IL BUDGET A DISPOSIZIONE PER LO START-UP?

Questo budget consente di acquistare tutto il materiale e le attrezzature per realizzare i prodotti elencanti? È necessario includere anche i costi per realizzare i primi campioni, le prime fotografie, l'acquisto di software e per fare promozione.

3) QUAL È IL TARGET DI RIFERIMENTO?

Devi scegliere target ben definiti. Se per esempio scegli di fare kit party, li vuoi fare solo per bambini? Se vuoi realizzare creazioni di cucito possono essere dedicati solo alla cucina? All'home decor? Al settore infanzia? Rispondi con molta attenzione a questa domanda per evitare, come detto, di essere troppo dispersivi: solo se avrai un target ben definito potrai assicurarti una clientela selezionata. Nella scelta del target pensa anche se vuoi riferirti a un target basso, medio o alto. Ti sconsiglio nella maniera più assoluta il target basso: dovrai lavorare troppe ore per arrivare a uno stipendio minimo. L'ideale è, perciò, un target medio-alto nel quale i prezzi sono al di sopra della media ma il lavoro inferiore.

4) COME POSSO DISTINGUERMI DAGLI ALTRI?

Dovrai cercare di proporre prodotti che hanno sempre qualcosa di unico e originale. Non cercare di copiare ciò che trovi su Internet. Distinguiti sia per quanto riguarda i prodotti che i servizi offerti. In questo modo avrai un numero limitato di competitor e la gente cercherà proprio te piuttosto che un'altra persona che fa esattamente la stessa cosa. Distinguiti anche per il tipo di materiale utilizzato, specie se vuoi riferirti a un target elevato. Scegli sempre prodotti particolari e di qualità. Un esempio? Se crei bracciali o gioielli in pelle non usare la classica pelle: usa, per esempio, pelle creata con le foglie di Ananas (Pinatex) e scegli solo confezioni di alta qualità: cofanetti personalizzati realizzati con materiali ecologici. Quando pubblicizzerai i tuoi prodotti, li potrai pubblicizzare come creazioni uniche e originali, di altissimo livello, realizzate a mano ed ecologiche. Ciò significa che potrai venderli a prezzi ben al di sopra della media, dando un valore aggiunto al prodotto. E che potrai mettere da parte un budget pubblicitario molto alto per raggiungere persone che hanno un bel po' di soldi da spendere e vogliono acquistare creazioni particolari.

5) BUDGET PER FORMAZIONE?

Oltre ai costi pubblicitari e attrezzature, metti in conto anche del budget per fare formazione. Conoscere nuove tecniche e, soprattutto, sapere come muoversi nei primi anni di apertura attività, conoscere elementi di grafica e marketing non ha prezzo. Se vuoi davvero guadagnare dovrai essere disposta a mettere da parte del budget per la formazione. Nel progetto indica la percentuale del tuo guadagno che tutti i mesi userai per fare formazione. Personalmente ho seguito alcuni importanti esperti di marketing chiedendo loro una consulenza: ho pagato circa 300 euro l'ora.

6) QUAL È LA PERCENTUALE A CUI RINUNCIARE?

Nei primi sei-otto mesi se vuoi crescere e guadagnare tanto, dovrai mettere da parte una percentuale dedicata alla promozione della tua attività e all'acquisto di nuovi materiali/attrezzature. Nei primi mesi tale percentuale, in genere, si aggira intorno al 70-100%. Tu quale percentuale sei disposta a mettere da parte?

Alcuni esempi di attività

Qui sotto troverai alcuni esempi di attività e prospettiva di guadagno medio basato su alcuni tipi di investimento (sia a livello di pubblicità, che di attrezzature).

PROPOSTA 1

Funny Clothes

SETTORE: ABBIGLIAMENTO

ABSTRACT: Funny Clothes è un'attività che ha, come obiettivo, la vendita di capi di abbigliamento personalizzati, per bambini. Si possono usare diverse tecniche: cucito, sublimazione, trasferimenti HTV. L'idea è quella di vendere un capo di abbigliamento 100% personalizzato: il capo di abbigliamento si realizzerà da zero e poi si eseguirà una personalizzazione utilizzando le tecniche sopra descritte. Le confezioni saranno originali, esclusive e anch'esse personalizzate. È essenziale usare solo tessuti di buona qualità (per esempio biologici) oppure esclusivi come quelli derivati da alimenti. In modo da creare un'offerta monopolistica.

TARGET DI RIFERIMENTO: MEDIO-ALTO.

MACCHINE, STRUMENTI, MATERIALI: potranno servire, a seconda di cosa si vuole realizzare, una o più delle seguenti macchine:

- PLOTTER DA TAGLIO CRICUT (per creare confezioni personalizzate).

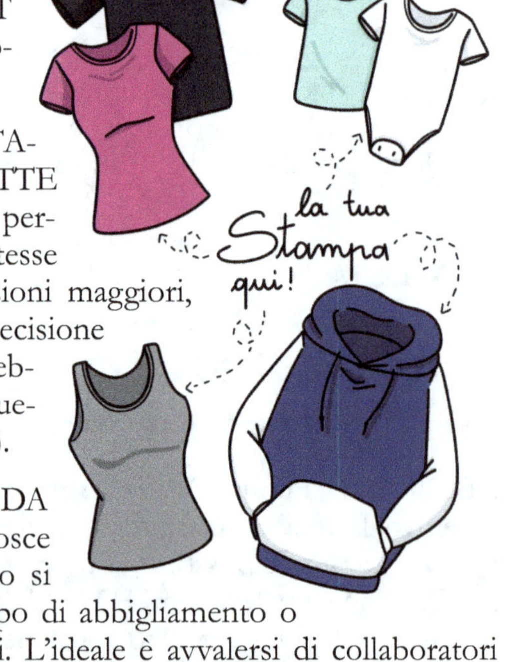

- PLOTTER DA TAGLIO SILHOUETTE (la versione PRO permette di creare le stesse cose ma di dimensioni maggiori, non ha la stessa precisione di Cricut: quindi sarebbe da affiancare a questo plotter da taglio).

- MACCHINA DA CUCIRE: se si conosce la tecnica del cucito si può realizzare il capo di abbigliamento o solo alcuni prodotti. L'ideale è avvalersi di collaboratori che aiutano nel processo produttivo.

- STAMPANTE PER SUBLIMAZIONE e RELATIVE PRESSE (opzionale): per personalizzare i singoli capi di abbigliamento con la tecnica della sublimazione e termovinile.

- RICAMATRICE (opzionale) per personalizzare capi di abbigliamento.

- STAMPANTI PER NASTRI (per personalizzare nastri decorativi per i pacchetti regalo).

COLLABORAZIONI STRATEGICHE: Anche se si conoscono bene tutte le tecniche è preferibile avvalersi di collaboratori esterni che ci aiutino nel processo produttivo e che siano in grado di produrre tutti o parte dei capi di abbigliamento. In questo modo è possibile avere un maggior numero di vendite e clienti.

INVESTIMENTO INIZIALE: 3.000-5.000 euro.

COSTO PUBBLICITARIO MENSILE SUI SOCIAL: 150 euro.

COSTO MEDIO (al cliente) per capi di abbigliamento: da 29 euro (per esempio un bavaglino) a 200 euro (per esempio una giacchetta).

GUADAGNO MEDIO SINGOLO PRODOTTO: 40 euro.

VENDITA MEDIA PRODOTTI: 1.500/ANNO.

GUADAGNO MEDIO: 60.000 EURO.

FATTURATO MEDIO: 110.000 EURO.

Give's Emotion

SETTORE: EVENTI

ABSTRACT: Give's Emotion è un'attività che ha, come obiettivo, quello di "regalare un'emozione". Si occupa, perciò, di grandi eventi. Eventi in cui niente deve essere lasciato al caso: si deve ricreare un'ambientazione tipica richiesta espressamente dal cliente. Per esempio: un bosco incantato, il Far West, un'epoca storica, una città da sogno, un mondo fantastico eccetera. Tutto ciò che si trova all'interno della struttura in cui si tiene l'evento dovrà essere realizzato a tema. Oltre alla parte scenografica, quindi, le persone potranno indossare abiti dedicati, mentre sedie e tavoli dovranno essere addobbati per l'occasio-

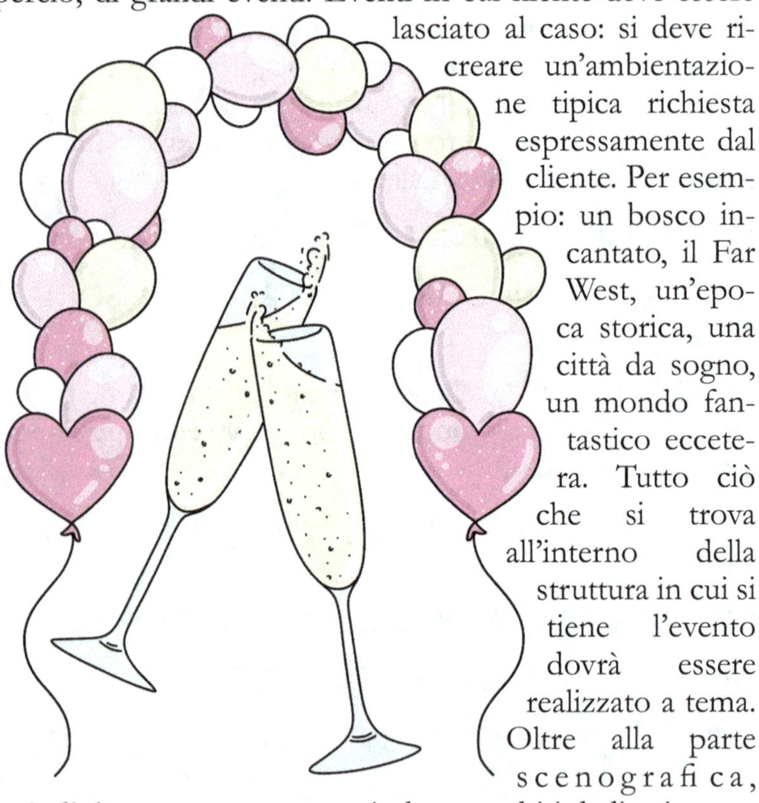

ne. In tavola dovranno esserci alimenti, piatti, bicchieri, vassoi ecc. appositamente creati per l'occasione.

TARGET DI RIFERIMENTO: ALTO (essendo eventi di un certo livello ci si riferirà solo a un target molto alto).

MACCHINE, STRUMENTI, MATERIALI: potranno servire, a seconda di cosa si vuole realizzare, una o più delle seguenti macchine:

- PLOTTER DA TAGLIO CRICUT (per creare kit party, inviti, segnaposto, segnagusto e personalizzazioni varie).

- PLOTTER DA TAGLIO SILHOUETTE (la versione PRO permette di creare le stesse cose ma di dimensioni maggiori, non ha la stessa precisione di Cricut quindi da affiancare a questo plotter da taglio).

- STRUMENTAZIONE PER CARTA FATTA A MANO: fondamentale per i grandi eventi. Si possono creare biglietti di invito particolarmente eleganti.

- MACCHINA DA CUCIRE (opzionale): nel caso in cui si preferisca anche eseguire alcune parti con la tecnica del cucito, per esempio capi di abbigliamento.

- STAMPANTE PER SUBLIMAZIONE e RELATIVE PRESSE (opzionale): per personalizzare bicchieri, tazze, indumenti eccetera.

- RICAMATRICE (opzionale) per personalizzare capi di abbigliamento o elementi decorativi tipici dell'evento.

- MACCHINE TAGLIA POLISTIROLO (opzionale): per ricreare elementi scenografici.

COLLABORAZIONI STRATEGICHE: con questo tipo di attività è essenziale collaborare con altre realtà. Bisognerà avvalersi di sarti o attività specifiche in grado di realizzare l'abbigliamento richiesto, con aziende che si occupano della scenografia, con fotografi che possano immortalare i momenti più belli, con musicisti, con creativi che si occupano di balloon art, con ditte di catering e con location specifiche. Tu dovrai occuparti solo e unicamente della realizzazione dei "kit party", dei biglietti e dell'organizzazione evento coordinando le varie attività con cui avrai deciso di collaborare.

INVESTIMENTO INIZIALE: 2.000/5.000 euro.

COSTO PUBBLICITARIO MENSILE SUI SOCIAL: 300-800 euro (rientra nei costi fissi aziendali).

COSTO MEDIO (al cliente) OGNI EVENTO: da 6.000 a 30.000 euro.

GUADAGNO MINIMO EVENTO: 2.500 euro.

GUADAGNO MEDIO A EVENTO: 5.500 euro (max 20.000 su 30.000 euro).

MEDIA EVENTI OGNI ANNO: 7-10.

Magic Paper Cut

SETTORE: EVENTI, BOMBONIERE

ABSTRACT: Magic Paper Cut è un'attività che ha, come obiettivo, la vendita di pretagliati destinati a creativi e a persone che vogliono realizzare qualcosa di speciale per i propri eventi. L'idea è quella di vendere delle mini-box con, all'interno, bomboniere o kit party pretagliati da poter assemblare e personalizzare. All'interno delle mini-box dovranno esserci – oltre al fustellato di base – anche nastri, etichette, elementi decorativi, colle e qualsiasi altra cosa sia necessaria per la composizione. È possibile creare box anche per elementi aggiuntivi: gadget party, abbigliamento ecc. inserendo all'interno, per esempio, una t-shirt con del termovinile pretagliato e istruzioni di applicazione. Il punto di forza di questa attività e che non

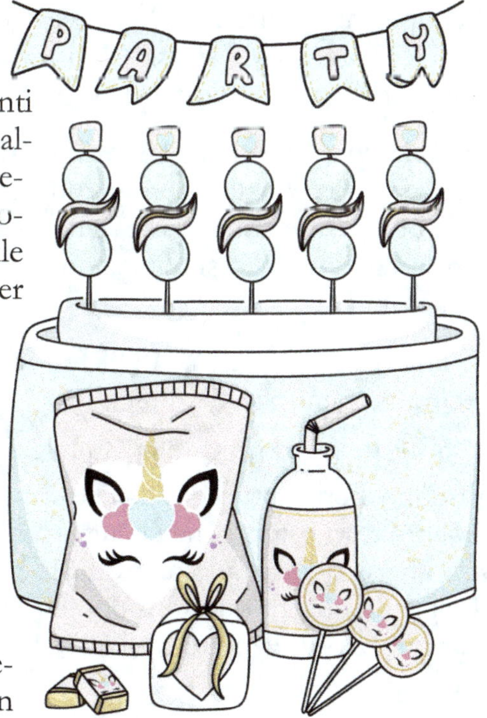

è necessaria la personalizzazione (salvo non venga fatta su specifica richiesta), abbattendo costi in termini di tempo e progettazione.

TARGET DI RIFERIMENTO: MEDIO

MACCHINE, STRUMENTI, MATERIALI: potranno servire, a seconda di cosa si vuole realizzare, una o più delle seguenti macchine:

- PLOTTER DA TAGLIO CRICUT (per creare confezioni personalizzate).

- PLOTTER DA TAGLIO SILHOUETTE (la versione PRO permette di creare le stesse cose ma di dimensioni maggiori, non ha la stessa precisione di Cricut quindi da affiancare a questo plotter da taglio).

- STAMPANTE PER SUBLIMAZIONE e RELATIVE PRESSE (opzionale): per aggiungere stampe da inserire nelle box per personalizzare i singoli capi di abbigliamento con la tecnica della sublimazione ed, eventualmente, del termovinile.

- STAMPANTI PER NASTRI (per personalizzare nastri decorativi per i pacchetti regalo).

COLLABORAZIONI STRATEGICHE: Anche se si conoscono bene tutte le tecniche è preferibile avvalersi di collaboratori esterni che ci aiutano nel processo produttivo e che siano in grado di produrre tutti o parte dei capi di abbigliamento. In questo modo è possibile avere un maggior numero di vendite e clienti. In questo caso specifico si potrebbe collaborare con grafici che realizzano file unici e originali.

INVESTIMENTO INIZIALE: 1.500/2.000 euro.

COSTO PUBBLICITARIO MENSILE SUI SOCIAL: 150 euro.

COSTO MEDIO (al cliente) per le box: da 19 euro (per esempio per un mini kit bomboniere) a 150 euro (per esempio un kit party da 50/60 pezzi).

GUADAGNO MEDIO SINGOLO PRODOTTO: 30-39 euro.

VENDITA MEDIA PRODOTTI: 2.500/3000 ANNO.

GUADAGNO MEDIO: 35.000 EURO.

FATTURATO MEDIO: 100.000 EURO.

Creative Cooking

SETTORE: SUBLIMAZIONE/RISTORAZIONE

ABSTRACT: CREATIVE COOKING è un'attività che ha, come obiettivo, la vendita di tazze, tazzine, tovagliette o altri prodotti personalizzati per la cucina. A differenza di altre attività che vengono svolte in modo autonomo, eventualmente con qualche piccola collaborazione, in questo caso è proprio la collaborazione a garantire la possibilità di vendita. Il lavoro, infatti, verrebbe svolto all'interno di un lounge bar, di una trattoria, di una birreria o locali simili. Sarebbe lo stesso locale a pubblicizzare la tua attività: tutti i giorni o soltanto nel weekend, il cliente avrebbe la facoltà di chiedere – oltre a cibo e bevande – anche una tovaglietta, un boccale di birra, una tazza personalizzata ecc. nella quale verrà servito il cibo/bevanda ordinato. Il prodotto personalizzato, essendo totalmente pagato dal cliente, potrà essere portato a casa. Questo garantisce al locale di offrire un servizio esclusivo e al "creativo" una certa continuità di vendita e anche un bel po' di pubblicità per eventuali lavori al di fuori del locale.

TARGET DI RIFERIMENTO: MEDIO-ALTO.

MACCHINE, STRUMENTI, MATERIALI: potranno servire, a seconda di cosa si vuole realizzare, una o più delle seguenti macchine:

- STAMPANTE PER SUBLIMAZIONE e RELATIVE PRESSE: per personalizzare i singoli prodotti richiesti dal cliente al momento dell'ordine.

- STAMPANTI PER NASTRI (per personalizzare nastri decorativi per l'eventuale richiesta di pacchetti regalo).

COLLABORAZIONI STRATEGICHE: Come accennato, questa attività si basa sulla collaborazione con uno o più locali. È possibile anche cambiare locali ogni weekend.

INVESTIMENTO INIZIALE: 1.000-3.000 euro.

COSTO PUBBLICITARIO MENSILE SUI SOCIAL: 150 euro.

COSTO MEDIO (al cliente) per il prodotto personalizzato: 10 euro.

GUADAGNO MEDIO SINGOLO PRODOTTO: 4-5 euro.

VENDITA MEDIA PRODOTTI: 5.000/ANNO (circa 16 prodotti per 300 giorni di lavoro).

GUADAGNO MEDIO: 25.000 EURO.

FATTURATO MEDIO: 50.000 EURO.

Teniamoci in contatto

HAI BISOGNO DI CONSIGLI? SCRIVIMI!

Siamo arrivati finalmente alla fine del libro. Ho cercato di condensare quante più informazioni possibili ma, come sempre, ti rimando al mio profilo di Patreon per eventuali approfondimenti. Nella speranza di poterti essere stata un po' di aiuto per la tua crescita personale ti ricordo che puoi contattarmi in qualsiasi momento al numero WhatsApp o utilizzando i recapiti che trovi di seguito.

Prima di andare, ti chiedo la gentilezza di lasciare su Amazon una tua recensione del libro: se lo farai, e me lo comunicherai al numero WhatsApp, per ringraziarti ti regalerò dei file digitali da usare per le tue creazioni.

CODICE SCONTO per acquistare **tutto** a prezzo scontato sul sito Necchishop.com (il punto di riferimento per tutti i creativi d'Italia: NSSD0324 (inserisci questo codice in fase di acquisto, così com'è, ossia tutto maiuscolo).

CONTATTI

PAGINA PATREON: https://www.patreon.com/stefaniadelprincipe

CANALE YOUTUBE: https://youtube.com/@MYCRICUT

PAGINA FB: https://www.facebook.com/Mycricut

GRUPPO FB: https://www.facebook.com/groups/CricutMakerItalia

TIK TOK: http://www.tiktok.com/@mycricut

INSTAGRAM: https://www.instagram.com/mycricut/

NUMERO WHATSAPP: 375.643.3106.

www.ingramcontent.com/pod-product-compliance
Lightning Source LLC
Chambersburg PA
CBHW061633250726

48659CB00004B/1199